世界旅游城市邮轮产业发展研究：以上海为例

黄　璜　著

中国财经出版传媒集团

经济科学出版社

Economic Science Press

·北京·

图书在版编目（CIP）数据

世界旅游城市邮轮产业发展研究：以上海为例/黄
璜著. -- 北京：经济科学出版社，2024.6. -- ISBN
978 - 7 - 5218 - 6050 - 4

Ⅰ. F426. 474

中国国家版本馆 CIP 数据核字第 2024Z4Q667 号

责任编辑：李晓杰
责任校对：王京宁
责任印制：张佳裕

世界旅游城市邮轮产业发展研究：以上海为例

SHIJIE LÜYOU CHENGSHI YOULUN CHANYE FAZHAN YANJIU：
YI SHANGHAI WEILI

黄　璜　著

经济科学出版社出版、发行　新华书店经销
社址：北京市海淀区阜成路甲 28 号　邮编：100142
教材分社电话：010 - 88191645　发行部电话：010 - 88191522
网址：www. esp. com. cn
电子邮箱：lxj8623160@ 163. com
天猫网店：经济科学出版社旗舰店
网址：http：// jjkxcbs. tmall. com
北京季蜂印刷有限公司印装
710 × 1000　16 开　15.5 印张　200000 字
2024 年 6 月第 1 版　2024 年 6 月第 1 次印刷
ISBN 978 - 7 - 5218 - 6050 - 4　定价：66.00 元
（图书出现印装问题，本社负责调换。电话：010 - 88191545）
（版权所有　侵权必究　打击盗版　举报热线：010 - 88191661
QQ：2242791300　营销中心电话：010 - 88191537
电子邮箱：dbts@ esp. com. cn）

前　　言

我国是世界第二大邮轮旅游客源国，邮轮产业持续快速发展，具有广阔的市场前景。2023 年 9 月 18 日，交通运输部办公厅发布《关于做好全面恢复国际邮轮运输有关工作的通知》，标志着我国境内邮轮旅游全面恢复，新冠疫情给邮轮旅游带来的近四年负面冲击终于消散。2024 年以来，以国产首艘大型邮轮"爱达·魔都号"首航、外国旅游团乘坐邮轮入境免签、国务院公布《国际邮轮在中华人民共和国港口靠港补给的规定》等重要事件为标志，我国邮轮旅游呈现出加速复苏的势头，带动邮轮产业快速发展。

邮轮产业具有产业链条长、带动面广等特点，邮轮经济贡献包括邮轮旅游者消费、邮轮船员消费、邮轮企业运营费用、邮轮企业管理费用、固定资产投资、基础设施和公共服务等多个方面。在邮轮旅游加速发展的背景下，邮轮产业能够成为入境旅游发展的新亮点、旅游新业态发展的示范样板、旅游业高质量发展的重要支撑。上海等邮轮港口城市通过发展邮轮产业，高标准建设上海国际邮轮旅游度假区，能够积极促进城市均衡发展、完善城市旅游功能、健全城市旅游产品、提升城市旅游吸引力，进而促进世界旅游城市建设。在长江三角洲区域一体化发展的背景下，通过整合长三角的邮轮港口、旅游城市和旅游腹地，建设长三角邮轮旅游目的地，能够进一步做大邮轮旅游经济，提升我国邮轮入境旅游吸引力。

上海拥有我国最大邮轮母港，持续深化旅游城市建设，本书以上海为典型案例，研究世界旅游城市邮轮产业发展的理论框架和产业实践。本书共包括五章：第一章通过探析邮轮经济贡献度的内涵，借鉴国外邮轮经济贡献度评价体系的构建，并结合上海邮轮经济发展的特殊性，构建上海邮轮经济贡献度评价体系；第二章在研究旅游度假区发展理论和世界级旅游度假区发展路径的基础上，分析上海国际邮轮旅游度假区发展的外部环境和基础条件，提出上海国际邮轮旅游度假区的建设任务；第三章以伦敦、迈阿密、瓦莱塔、巴塞罗那、阿姆斯特丹和墨西哥等世界著名邮轮旅游城市为典型案例，研究通过邮轮旅游促进旅游产业发展、实现邮轮旅游和城市旅游融合的路径和政策；第四章在总结世界著名邮轮旅游城市发展经验的基础上，研究邮轮产业对旅游城市的影响机制，并结合上海的城市旅游和邮轮产业发展特征，提出促进上海邮轮产业发展的政策建议；第五章以区域旅游一体化、邮轮旅游目的地发展等理论为基础，借鉴里维埃拉、罗马和拉齐奥、莱万特、加泰罗尼亚等国外邮轮旅游目的地成功经验，研究长三角邮轮旅游目的地发展的现状、战略、路径和政策建议。

自 2013 年以来，作者获得了来自上海市人民政府发展研究中心、上海国际邮轮经济研究中心的多项邮轮经济专项课题资助，为本书的顺利完成提供了理论素材、调研机会、数据支撑和经费保障。本书的阶段性研究成果获得了汪泓、史健勇、邱羚、叶欣梁、闫国东等邮轮旅游专家的指导，借此机会表示感谢！邮轮产业是极具创新性的新兴行业，邮轮旅游研究具有典型的交叉学科特征，作者由于专业局限、能力有限等原因，本书肯定存在诸多疏漏之处，有望读者朋友们赐教。

黄璜

2024 年 6 月

目
录

contents

>   >   >   >   >   >

第一章

城市邮轮经济贡献度评价

近年来，上海邮轮产业发展态势良好，随着邮轮经济的迅猛发展，邮轮产业对上海经济的带动效应日益显著。然而，目前对上海邮轮产业经济效应的研究主要是停留在定性分析，关于上海邮轮产业的经济贡献度评价指标体系的研究也较为匮乏，这不利于洞悉邮轮产业对地方经济贡献度的重要影响因素，以致限制了上海邮轮经济的健康、快速发展。本章通过探析邮轮经济贡献度的内涵，借鉴国外邮轮经济贡献度评价体系的构建，并结合上海邮轮经济发展的特殊性，构建上海的邮轮经济贡献度评价体系。

第一节　邮轮经济贡献度评价理论框架

本节针对邮轮经济贡献度评价的理论内涵、数据获取、指标选取、直接经济贡献度评价、总和经济贡献度评价等理论和实践进行阐述。

一、邮轮经济贡献度的理论内涵

邮轮经济是一种特殊的旅游经济形态，既有传统旅游经济的显著特点，又具有诸多鲜明的个性特征。因此研究邮轮经济贡献度，需要同时考虑邮轮经济的一般性和特殊性，既充分利用旅游经济影响效应评价的最新理论，又针对邮轮产业的寡头垄断企业结构、"方便旗"为主的船舶登记结构、邮轮城市竞合关系、全球船供采购网络、季节性波动明显等特征而调整改进，构建邮轮经济贡献度评价理论体系。

（一）邮轮经济的特点

世界各国基本上都是依据生产活动的相似性来划分产业的。我国现行的《国民经济行业分类标准》（GB/T 4754 – 2017）中指出，采用经济活动的同质性原则划分国民经济行业。即每一个行业类别按照同一种经济活动的性质划分，而不是依据编制、会计制度或部门管理等划分，通过采用线分类法和分层次编码方法，将国民经济行业划分为门类、大类、中类和小类四级。

旅游业是依据旅游者消费的互补性来划分的。《国家旅游及相关产业统计分类（2018）》将旅游业分为旅游出行、旅游住宿、旅游餐饮、旅游游览、旅游购物、旅游娱乐、旅游综合服务、旅游辅助服务、政府旅游管理服务九大行业。但是，这些行业的大部分类别在《国民经济行业分类》（GB/T 4754 – 2017）中并不是独立的分类，而是包含在国民经济行业分类的相关行业类别中。例如，《国民经济行业分类》（GB/T 4754 – 2017）的"正餐服务（6210）"中仅部分活动属于《国家旅游及相关产业统计分类（2018）》的"旅游正餐服务（6210*）。由于国民经济的相关行业在为游客提供产品和服务的同时，也为本地居民提供产品和服务，难以有效区分为游客和居民服务的经济活动。因此，从《中国统计年鉴》等依据国民经济行业分类的统计数据中难以直接看出旅游业的产业规模，更难以直接算出旅游经济的贡献度。

邮轮产业是一种特殊的旅游业，涵盖了旅游出行、旅游住宿、旅游餐饮、旅游游览、旅游购物、旅游娱乐、旅游综合服务、旅游辅助服务、政府旅游管理服务等行业，邮轮旅游者、邮轮船员、邮轮企业的消费极为复杂多元，分散在国民经济各个行业类别中，同样难以直接从统计数据中得到邮轮产业的规模。评价邮轮经济贡献度需要借助于特殊的数据来源、理论方法和指标体系。

邮轮产业与普通旅游业相比还有一些显著特点，在评价邮轮经济贡献度时需要着重考虑。一艘邮轮从功能上可以看作一个大型旅游度假区，旅游者在邮轮上度过一个假期，能够享受到餐饮、住宿、娱乐、体育、养生、购物、文化等休闲娱乐服务。但是，从经济贡献度来看，邮轮和旅游度假区相比又有显著区别。位于上海的旅游度假区，其所有经济活动计入上海的本地增加值，旅游度假区的所有收入计入上海的旅游总收入。对于邮轮而言，绝大多数邮轮挂方便旗并注册在外国，邮轮的所有者一般也是几大跨国企业。因此，中国旅游者参与邮轮旅游属于出境旅游，旅游消费属于境外消费。即使旅游者用人民币付款，邮轮上的经济活动也不计入上海本地增加值，邮轮企业的收入不计入上海旅游总收入，不能采用传统的旅游经济贡献度方法来评价邮轮产业。邮轮产业对上海的经济贡献度，主要体现在旅游者和船员在上海的消费、邮轮企业在上海采购的商品和服务、邮轮企业在上海的商务办公支出、政府提供邮轮相关的基础设施和公共服务、邮轮相关固定资产投资等方面。

因此，邮轮产业的特性决定了它不可能无条件地给上海带来经济贡献，世界上有很多国家都出现了邮轮旅游繁荣而本地经济发展滞后的情况。上海需要在科学评价邮轮经济贡献度的前提下，采取多种措施来增强邮轮产业对上海经济的贡献。

（二）邮轮经济贡献度的时空边界

1. 邮轮经济贡献度的时间边界

上海作为母港的邮轮旅游一般有明确的时间界限，从旅游者办理好出境手续登上邮轮起，到旅游者办好入境手续回到上海止。但是，这种定义没有考虑到旅游者从外地来往上海的消费，以及在邮轮旅游前后在上海的消费，会低估邮轮产业对于上海的经济贡献度。国际上普遍采用的做法是将所有邮轮旅游附带的经济活动都划归邮轮产业，如果没有邮轮旅游，那么这些活动就极有可能不会发生。因此，如果旅游者的主要出行目的是邮轮旅游，那么这次旅游过程中的所有活动都属于邮轮产业。

2. 邮轮经济贡献度的空间边界

邮轮产业是一个综合性的产业，很多行业具有全球性的价值链，因此邮轮旅游者和邮轮企业的消费往往不能反映其对上海的真实经济贡献度。以邮轮所用燃料油为例，上海本身并无石油开采业，邮轮企业付给上海燃料油企业的费用实际上有很大一部分被用于进口石油，留在上海本地的消费实际上很少。同理，如果一名邮轮旅游者在上海消费了一瓶进口葡萄酒，消费的很大一部分也被转移到了国外，形成了最终消费的"漏损"。因此，直接使用邮轮企业或旅游者的消费数据会高估上海邮轮经济贡献度。

从世界各国的邮轮经济贡献度评价实践来看，一般都要在消费数据中将该产品从区外（境外）流入的"漏损"扣除，以得到真实由本地生产的产值，进而计算增加值、就业、税收、乘数效应等指标。理论上而言，从上海的投入产出表中能够估算出某一产业的"中间使用"和"最终使用"产品中由上海区外"流入"产品所占比重，乘以邮轮旅游直接消费数据可得各产业上海本地生产的产值。但是，由于投入产出表的产业划分较粗（仅有 42 个产业），而且邮轮旅游作为一个特殊产业，消费的产品也未必是所有城市居民消费的"平均商品"，不能用平均值来替代，因此在研究邮轮经济贡献度时还需要通过调研等方式获取直接消费的区外"漏损率"。一般而言，邮轮企业接受的拖船、领航、停泊、装卸等港口服务，以及旅游者在岸上享受的餐饮、住宿、市内交通、娱乐等服务带来的收入大部分留在了上海本地。邮轮企业和旅游者消费商品的经济贡献则需要看该商品是否由上海本地生产。而高铁、航空等跨区域大交通对上海的经济贡献则取决于铁路公司、航空公司等的股权结构和利润分配机制。

由于邮轮产业的消费可能通过产业链来自全国甚至全世界，因此从不同的空间尺度评价邮轮经济贡献度能够得到不同的结论。一般而言，空间范围越大的区域能够留住的邮轮经济影响效应越多，而对于同等大小的区域而言，经济结构多元、产业竞争力强的经济体能够留住的邮轮经济影响效应较多。上海作为我国经济最为发达的城市，发展邮轮经济具有较大潜力。本书着重评估邮轮产业对于上海的经济贡献度，随着评价所需的数据逐步完备，相关模型可用于评价上海邮轮产业对全国、全世界的经济贡献度。

（三）邮轮经济的生产替代效应

依据经济学理论分析，上海邮轮旅游需求增加进而引致邮轮产业发展，并不必然能够带来上海经济总量的扩张。邮轮产业发展所使用的土地、资本、劳动力等生产要素，可能来自闲置生产要素的再利用、新生产要素的区外流入，进而拉动经济总量增长，也可能来自对其他产业生产要素的挤占，可能导致其他产业的衰退。以饭店业为例，如果上海的旅游住宿接待能力增长缓慢，而邮轮旅游与城市旅游的旺季重合，那么上海邮轮旅游发展可能挤占了现有的城市旅游接待能力、抬高了饭店房价、制约了城市旅游发展，对于上海经济总量扩张的促进功能有限。相反，如果上海的旅游接待能力增长能够适应邮轮旅游的增长速度，那么邮轮产业发展能够在保持旅游价格稳定的前提下扩大上海的经济总量。

从上海的实际情况来看，2019 年上海接待邮轮旅游者 189.35 万人次，其中以上海为母港的邮轮旅游者 181.08 万人次（中国交通运输协会邮轮游艇分会等，2019）。基于中国旅游研究院对上海邮轮旅行社的调研，作者测算出 2019 年上海接待过夜母港邮轮旅游者 35.31 万人次，平均每天接待 967 人次。2019 年上海共有星级饭店床位数 7.70 万张（上海市统计局等，2020），远高于上海日均接待的过夜邮轮旅游者人数。因此，邮轮旅游对上海旅游接待设施的压力较小，邮轮经济的生产替代效应并未显现。但是，邮轮旅游淡旺季波动明显，邮轮到港离港时对城市的短期冲击较大。随着疫情过后上海邮轮复航并快速发展，邮轮旅游者中的外省份旅游者比重进一步加大，客观上存在邮轮产业替代其他产业生产要素的风险，需要有关部门有效应对邮轮旅游的季节性波动问题、增加邮轮旅游接待能力、改善邮轮产业投资环境。

（四）邮轮经济的乘数效应

在邮轮产业的经济影响效应中，邮轮旅游者、邮轮船员、邮轮企业等对上海所生产商品和服务的消费能够直接拉动上海相关行业的经济增长，产生"邮轮直接经济影响效应"。这些受直接经济效应拉动的行业又进一步拉动为其提供中间投入的相关行业增长，产生"邮轮间接经济影响效应"。受间接经济效应拉动的行业进而又拉动相关行业增长，最终上述多轮经济影响效应加总在一起，形成"邮轮总和经济影响效应"。每一轮效应均可以计算所拉动的产出、就业、税收和增加值等数据，最终得到上海邮轮经济能够带来的总和产出、就业、税收和增加值等指标。

例如，如果一个邮轮旅游者在上海某饭店花费了 1000 元，根据《上海 2017 年投入产出表》可以得知，上海"住宿和餐饮业"的"中间使用"和"最终使用"产品中，有 51.9% 来源于本地产出，有 48.1% 来源于"进口"和"国内省外流入"（国家统计局国民经济核算司，2020）。因此，这名邮轮旅游者花费 1000 元购买的商品和服务实际上有 519 元由上海本地生产，他在该饭店住宿对上海经济的直接影响效应是 519 元。进一步通过投入产出表的直接消耗系数可得知，这 519 元的直接经济影响效应中，有 378 元来自上海住宿业从其他行业购买的中间投入，有 142 元为上海住宿业自身的增加值。在上海住宿业的增加值中，92 元为付给饭店服务人员的报酬、19 元为政府征收的税、17 元为饭店的固定资产折旧、14 元为饭店的营业盈余。住宿业从其他行业采购的 378 元产品又能引发多轮乘数效应，通过计算投入产出表的完全消耗系数可以得知，378 元的住宿业最终消费能够带动各个行业总共生产 1116 元的产品，这也就是总和经济影响效应。并产生 181 元的总和报酬、85 元的总和税收、44 元的总和固定资产折旧，以及 68 元的总和营业盈余，总和增加值为 378 元，等于上述住宿业最终消费。

上述机制就是邮轮产业增长过程中的乘数效应，邮轮总和经济影响效应可能远大于直接经济影响效应，代表了邮轮产业对于经济总量的最终拉动作用。从各国对邮轮经济贡献度的评价实践来看，采用投入产出模型计算总和经济影响效应已经成为标准做法。另外，评价乘数效应还可采用凯恩斯乘数模型、CGE（可计算一般均衡）模型等方法。

二、邮轮经济贡献度评价数据获取方法

评价邮轮产业的经济贡献度，任何一个城市都需要获取邮轮旅游者、邮轮船员和邮轮企业三类最基本的邮轮产业消费数据。除此以外，各城市还需根据自身的邮轮产业发展情况搜集额外的评价数据并构建指标体系。

（一）经济社会背景数据

邮轮经济贡献度评价需要上海的经济增长、产业结构、就业结构、收入分配、劳动生产率、税率、通货膨胀率、投入产出表、省际贸易、

对外贸易等统计数据，可以从统计局、税务局、商务委、海关等有关部门获取。

（二）邮轮旅游者消费

邮轮旅游者的消费受收入、年龄、行程、线路、产品等因素影响较大，在相关政府统计数据中又没有体现，是邮轮经济贡献度评价中最重要也最难获取的数据。邮轮旅游者消费一般采取问卷调查的方式，将旅游者分为过夜母港型、不过夜母港型、访问港型三类，调查各类邮轮旅游者的客源地、人口学特征、交通工具、城市停留时间、岸上旅游项目、旅游消费结构、游客满意度、重游意愿等内容，加入旅行社的旅游者可由旅行社协助提供部分数据。

（三）邮轮船员消费

邮轮船员的消费一般也采取问卷调查方式，获取他们的国籍、居住地、人口学特征、收入、城市停留时间、岸上旅游项目、旅游消费结构等内容。有时邮轮船员在转港过程中的跨区域交通、城市住宿等消费内容可由邮轮企业报销，这部分收入内容可以通过邮轮企业获取，也可以通过交通距离、消费结构等内容进行估算。由于邮轮船员之间的消费行为相对集中，个体差异不如邮轮旅游者之间那么显著，可以适当减少调研样本量，以提升问卷调查的效率。

在调查邮轮船员的过程中一定要注意区分外籍船员、中国船员和上海船员的消费特征。一般而言，外籍船员在上海以旅游消费为主，集中在游览、餐饮、购物、娱乐等方面，中国船员在上海可能长期居住而增加了租房、购买耐用消费品等生活消费的内容，上海船员除了各种消费以外还可能进行房地产等固定资产投资。他们虽然都是邮轮企业雇佣的员工，但是对于上海经济增长的贡献机制截然不同。

（四）邮轮企业运营费用

邮轮企业运营费用需要调查邮轮航行班次和线路、客流量、船员数、港口服务、燃油、船供、修理维护等数据，这些数据均有详细的财务记录，最好通过调查邮轮企业直接获取。由于邮轮企业通常从全球获取生产投入，调查过程中只能计入从上海本地采购的部分。如果邮轮企业出于商业机密等考虑而拒绝提供相关数据，也可以考虑从上海的邮轮港口、邮轮业协会、海运代理企业、船供企业等服务者处获取。在具体的调查过程中应注意到，由于邮轮频繁在全世界转港，邮轮企业也经常变换供货商和维修企业，因此邮轮船供和修理维护等邮轮企业消费的年度波动性较强，需要整合多年数据后才能得到整体发展趋势。

（五）邮轮企业管理费用

邮轮企业一般会在大型的邮轮母港设立地区总部或分支机构，并雇佣专门的管理和办公人员来负责企业的战略决策、投融资、经营管理、研究开发、财务管理、员工培训等职能。邮轮企业付给办公人员的薪酬、企业办公费用、市场营销费用、服务外包费用等可以看作邮轮企业在岸上的管理费用，构成对城市经济的直接拉动。上述数据可以通过调查邮轮企业获取，也可以通过公开渠道查询企业经营数据等方式获得。对于迈阿密等邮轮企业总部基地而言，邮轮企业的管理费用已经成为邮轮经济贡献度的重要组成部分。维京、嘉年华、皇家加勒比等邮轮企业陆续在上海设立区域总部，邮轮企业管理费用在拉动上海邮轮经济发展过程中的作用将增强。

（六）邮轮相关固定资产投资

除了邮轮企业巨额的消费以外，固定资产投资也能给城市带来巨大的经济影响效应。邮轮造价数亿甚至十多亿美元，是邮轮企业最为重要的固定资产。造船企业能够成为所在地区的重要经济支柱，带动区域经济发展。邮轮建造和装修等大额费用支出一般较容易从公开渠道获取，也能够从克拉克森（Clarksons）等航运信息数据库获得。在分析数据时应该注意生产价格和市场价格的区别，邮轮企业购买邮轮的市场价格等于生产价格加上运费、税费、经销商利润等中间费用，对于造船企业只能获得生产价格，中间费用则被其他企业所获得，因此在计算邮轮制造对造船企业所在地区的经济贡献度时，要注意将市场价格换算成为生产价格。在全世界邮轮经济贡献度评价案例中，只有欧洲才将造船业作为邮轮经济贡献度重要内容列入。上海既是亚洲最大邮轮母港，2023年以来又陆续有国产大型邮轮下水，未来可将邮轮建造作为邮轮经济贡献度评价重要内容列入。

邮轮企业投资建设的办公大楼等固定资产，也能以投资的方式拉动所在城市经济增长。这些数据可以从邮轮企业、规划和自然资源局、住房和城乡建设委、建筑企业等方面获取。首先，大型建设项目投资往往持续多年，各年度之间波动较大，应当搜集多年度的固定资产投资数据来计算年度平均投资额。其次，只有项目的实际建设成本才构成对所在城市经济的拉动，项目的市场估值或转让收入包含了邮轮企业的投资溢价，并未真实拉动其他产业发展，不能作为计算邮轮经济贡献度的依据。

（七）邮轮相关基础设施和公共服务

邮轮旅游者在上海消费的旅游产品和服务可以分为两大类：一类以餐饮、住宿、购物等为代表，主要通过旅游企业在市场上提供，邮轮旅游者支付相关费用给旅游企业，形成邮轮旅游直接消费；另一类以博物馆、美术馆、旅游厕所、市政交通、公共景区等为代表，主要通过政府以公共服务的方式提供，虽然提供这些公共服务需要大量政府支出，但是邮轮旅游者并不为此支付相关费用，并未形成邮轮旅游直接消费。

随着上海的邮轮旅游者不断增多，他们对政府提供的旅游基础设施和公共服务的需求也不断增加，必将拉动政府与邮轮旅游相关的投资和消费增长。这些政府投资和消费与邮轮企业的投资和消费一样，都能产生直接经济影响效应，进而通过乘数效应产生总和经济影响效应。如果没有邮轮旅游，政府的很多公共服务支出并不会发生。因此，应将政府与邮轮旅游相关的基础设施投资和公共服务支出纳入邮轮经济贡献度评价体系。政府与邮轮旅游相关的基础设施和公共服务支出可以从发展和改革委、住房和城乡建设委、交通委、财政局、文化和旅游局等政府部门获取，应该注意政府的基础设施投资可能在各年度间波动性较大，需要综合多年度数据来分析平均值和增长趋势。

三、邮轮直接经济贡献度评价方法

从整个旅游经济来看，一般有两大指标能够直接反映旅游业在国民经济中重要性，也就是旅游直接经济贡献度，这两大指标分别是旅游收入和旅游产业增加值。我国所有省份都公布旅游收入数据，但是仅有上海等少数几个地区同时公布旅游产业增加值。例如，《2023 年上海市国民经济和社会发展统计公报》显示 2023 年上海市的入境旅游外汇收入 61.87 亿美元，国内旅游收入 3678.11 亿元，旅游产业增加值 1771.24 亿元（上海市统计局，2024）。

旅游收入是一个产值的概念，反映了旅游消费在扣除区外流入后对本地经济的直接拉动，旅游产品的价值既来自旅游业，又来自旅游业的中间投入行业。上文所举的住宿例子中，旅游者 519 元的直接消费就属于旅游收入。旅游产业增加值是一个增加值的概念，这种增加值仅来自旅游业，反映了旅游业的产业规模，上文例子中住宿业 141 元的增加值就属于旅游产业增加值。从上述分析可以看出，旅游收入必然大于旅游产业增加值。

具体到邮轮经济来看，评价邮轮直接经济贡献度也有与旅游收入和旅游产业增加值近似的指标。上面提到，由于邮轮企业总部和邮轮基本都注册（登记）在外国，邮轮旅游属于出境旅游，直接运用邮轮企业收入来评价邮轮经济贡献度并不科学，因此将邮轮企业收入指标替换为邮轮旅游消费指标。评价邮轮直接经济贡献度包括邮轮旅游直接消费和邮轮产业增加值两大指标，邮轮旅游直接消费大于邮轮产业增加值。国际邮轮企业协会发布的经济贡献度评价报告倾向于强调邮轮产业的重要性，因此主要强调邮轮旅游的直接消费。在学者布劳恩等（Braun et al.，2002）和沃利等（Worley et al.，2013）发表的独立研究中则测算了邮轮产业增加值。以下将分别对两大指标的数据来源、具体内容、计算方法和指标体系等进行阐述。

（一）邮轮旅游直接消费

从各个国家和地区的邮轮直接经济贡献度评价实践来看，邮轮旅游直接消费主要包括邮轮旅游者消费、邮轮船员消费、邮轮企业消费这三大方面的内容。

1. 邮轮旅游者消费

根据邮轮旅游者的特征又可以将其分为"母港旅游者"和"访问港旅游者"两种。根据"母港旅游者"在港口城市停留时间的长短，又可以进一步将其划分为"过夜母港旅游者"和"不过夜母港旅游者"。

表1-1显示了2019年全世界邮轮旅游者和邮轮船员的消费总量和结构。邮轮旅游者的消费内容主要包括从外地到港口城市的长途交通、市内交通、住宿、餐饮、购物、市内游览、娱乐、通信等费用。其中，"访问港旅游者"在港口城市中途停靠并进行一日游，很少产生住宿和长途交通费用。"不过夜母港旅游者"主要将港口城市作为乘船的中转

枢纽，在港口城市停留时间仅有几个小时，对旅游产品和服务的消费较少，并不产生住宿费用。相比之下，"过夜母港旅游者"在港口城市停留时间最长，他们常常会在邮轮旅游前后在港口城市进行城市旅游，所以他们的消费结构最为多元，消费金额也最高。

表 1-1　　　　　2019 年全球邮轮旅游者和邮轮船员消费

类别	单位	母港旅游者	访问港旅游者	邮轮船员	合计
旅游次数	万次	2967	9581	2293	14841
住宿	亿美元	24.79	0.064	0.035	24.88
到母港长途交通	亿美元	52.33	0	0	52.33
餐饮	亿美元	12.73	11.78	4.47	28.99
本地游览	亿美元	11.17	38.81	2.18	52.16
购物及其他	亿美元	13.35	44.98	7.59	65.93
总计	亿美元	114.37	95.63	14.28	224.29
平均每次消费	美元	385.41	99.82	62.29	151.12

资料来源：CLIA. *The Global Economic Contribution of Cruise Tourism* 2019 [R]. Phillipsburg, NJ：Business Research & Economic Advisors，2020a.

2. 邮轮船员消费

邮轮船员的消费结构与邮轮旅游者近似，也包括长途交通、市内交通、餐饮、购物、市内游览、娱乐、通信等内容。最大的区别在于，邮轮船员一般不在港口城市产生长途交通费用，也很少有住宿费用。邮轮船员的娱乐消费比重与邮轮旅游者相比较低，而购物消费比重相对较高。如果邮轮船员就是港口城市的居民，那么他们的消费结构又与当地居民的生活消费结构相类似，所有收入中用于当地消费的比重更高。另外，邮轮船员如果因为公务而转港，长途交通等费用由邮轮企业报销。

3. 邮轮企业消费

邮轮企业的消费可以分为运营费用和管理费用两大类，运营费用主要包括运营邮轮并向旅游者提供各式船上服务的支出，管理费用则主要指邮轮企业在岸上的商务支出和办公费用。

表 1-2 显示了邮轮企业的具体运营和管理费用支出项目。对于邮轮企业未设立办公场所的港口城市而言，邮轮企业的消费以运营费用为主。对于迈阿密等邮轮企业总部集聚的母港城市而言，邮轮企业的管理费用则占据了较大比重。

表 1-2　　　　　　　　邮轮企业主要运营管理费用类别

运营费用	管理费用
旅行社佣金	市场营销、广告和推介费用
旅游者保险费	其他销售成本
旅游者国际入境费用	会计和法律服务
航空机票费用	电脑和互联网咨询服务
邮轮旅游前后的旅游产品费	金融服务
食品与饮料费	其他专业服务
燃料费和港口服务费	电话费用
餐厅、饭店和博彩服务费	旅行和娱乐费用
邮轮保养、维修、停泊等费用	租金
邮轮保险费	公共设施费用
邮轮保养设备费	岸上雇员工资
岸上旅行成本	船员工资

资料来源：CLIA. *The Contribution of the International Cruise Industry to the U. S. Economy in 2019* [R]. Phillipsburg, NJ：Business Research & Economic Advisors，2020b.

表 1-3 显示了 2019 年加拿大邮轮企业的费用支出结构，可以用来反映各消费支出项目在邮轮企业总支出中的比重。由于邮轮企业具有来自全球的产品供应链，在评价某一地区邮轮经济贡献度时，只计入邮轮企业采购自该地区产品和服务。对于邮轮企业的雇员而言，一般区别对待邮轮船员和岸上雇员。外地邮轮船员的收入不计入邮轮旅游直接经济效应，他们岸上消费的计算方式在上一部分已有论述。由于邮轮企业本地邮轮船员和岸上雇员在港口城市长期生活，可以将其收入计入邮轮旅游直接经济效应。

表 1-3　　　　　2019 年加拿大邮轮企业的费用结构

类别	费用（亿美元）	比重（％）
旅行代理商	1.689	14.4
商务和专业服务	1.308	11.1
燃料	1.220	10.4
广告和营销	0.837	7.1
机械和设备	0.815	6.9
船舶维护和靠泊费	0.771	6.6
工资和薪水	0.756	6.4
食品和饮料	0.742	6.3
港口税费	0.740	6.3
酒店供应	0.602	5.1
其他费用	2.282	19.4
合计	11.762	100

资料来源：CLIA. *The Economic Contribution of the International Cruise Industry in Canada in 2019*［R］. Phillipsburg, NJ：Business Research & Economic Advisors, 2021.

4. 邮轮旅游直接消费计算方法

在通过各种途径获得邮轮旅游者、邮轮船员、邮轮企业等消费数据后，还需要进一步处理才能够得到邮轮旅游直接消费。首先，即使是旅游者或企业在本地采购的商品和服务，也有可能是由区外流入而对本地经济带动作用较小，因此需要通过调查或查阅投入产出表等方式算出区外流入所占比重，进而将其从消费总额中剔除。其次，通过调查旅游者和邮轮企业得到的消费数据反映了市场价格，它与生产价格相比增加了经销商利润和流通成本，在计算邮轮旅游消费对中间投入产业拉动作用时，需要将市场价格经过计算还原为生产价格。最后，经过调查所得到的消费数据是按照消费类别划分的，在计算邮轮旅游消费对经济的拉动作用时还需要将消费数据依产品性质划归国民经济各行业，进而算出邮轮旅游拉动国民经济各行业的直接产出。

（二）邮轮产业增加值

上述的邮轮旅游直接消费能够反映邮轮产业对经济的直接拉动作用，是评价邮轮直接经济贡献度的重要指标。但是邮轮旅游直接消费既包括了邮轮产业的增加值，又包括了邮轮产业消耗的中间投入，因此邮轮旅游直接消费不能反映邮轮产业规模的大小，不能直接计算占地区生产总值的规模，也不能直接和其他产业进行比较。例如，上文中所举的饭店住宿案例中，928 元的住宿消费反映了住宿活动对于上海的直接经济贡献度，但是这 928 元并不是住宿业的增加值。事实上这次住宿活动给住宿业带来的增加值仅有 247 元，并可进一步细分为劳动者报酬、生产税净额、固定资产折旧、营业盈余这四大部分。

因此，为了计算出邮轮产业的规模大小，计算邮轮产业占地区生产总值的比重，并将邮轮产业与其他产业进行对比，需要在已划分到各行业的邮轮旅游直接消费数据基础上，根据各行业增加值率计算出邮轮旅游直接贡献的各行业增加值，将各行业增加值加总后就得到邮轮产业增加值。与旅游卫星账户（tourism satellite account）的概念类似，邮轮产业是根据邮轮旅游消费的互补性来划分的，难以直接在《国民经济行业分类标准》中找到邮轮产业的类别，它实际上包含在交通运输、零售、住宿、餐饮等各个行业之中。上述计算邮轮产业增加值的方法能够算出邮轮产业在各个行业中的相对规模和绝对规模，最终加总得出邮轮产业的规模大小，是客观评价邮轮产业在国民经济中重要性的依据。

另外，还可以根据各个行业的劳动者报酬系数、生产税净额系数、固定资产折旧系数、营业盈余系数等指标，计算出邮轮旅游直接给各个行业带来的劳动者报酬、生产税净额、固定资产折旧、营业盈余，加总后就得到邮轮产业的劳动者报酬、生产税净额、固定资产折旧、营业盈余。换言之，能够将邮轮产业增加值分解为劳动者报酬、生产税净额、固定资产折旧、营业盈余这四大部分，计算邮轮产业能够直接给上海带来多少劳动报酬、税收收入和营业盈余等。更进一步，通过各个行业的劳动生产率，还能够推算出邮轮产业的就业人数。

在计算邮轮产业就业人数时应该注意，由于邮轮旅游是季节性较强的产业，在旺季时劳动者可能以加班等方式工作，淡季时又退出邮轮产业从事其他行业，因此推算出的就业人数只能是全职工作当量（Full Time Equivalent），未必是真实的就业人数。

四、邮轮总和经济贡献度评价方法

上述的邮轮旅游直接消费、邮轮产业增加值等指标只能反映邮轮直接经济贡献度。邮轮产业又能够拉动各个行业生产，通过乘数效应反复多轮形成间接产出和引致产出，最终和直接产出共同构成邮轮旅游贡献的总和产出。邮轮旅游乘数效应的估算主要包括凯恩斯模型法、投入产出模型法、CGE（可计算一般均衡）模型法三种。

（一）凯恩斯模型

凯恩斯模型能够计算乘数值大小，且所需要的数据和计算方法相对简单，常用于在数据资料不完备的前提下对于乘数效应进行初步简单估算。以下公式是一个较为典型的凯恩斯模型：

$$k = \frac{1 - L}{MTR + MPS + (1 - MTR - MPS) \times MPM} \qquad (1.1)$$

其中，k 为收入乘数，MTR 为边际税率，MPS 为边际消费倾向，MPM 为边际进口倾向，L 为消费的直接漏损率。

式（1.1）分子中的 L 反映了消费的商品和服务由区外流入的比例，（1 - L）就是消费的商品和服务确实由本地生产的比例。分母反映了消费者所获得收入未用于进一步本地消费（收入漏损）的比例。我们假设一种极端的情况，假设一个地区销售所有的商品和服务都实际由本地生产，也就是 L = 0，这个地区的消费者也不从国外进口商品和服务，也就是 MPM = 0，这个地区的政府不征收任何税费，也就是 MTR = 0，这个地区的消费者每获得 100 元收入后会储蓄其中 20 元，也就是 MPS = 0.2，那么我们可以根据模型计算得出该地区的凯恩斯乘数 k = $\frac{1}{0.2}$ = 5，表示该地区的消费者每获得 1 元收入，通过乘数效应最终能给该地区带来 5 元收入。我们可以看出，该地区消费者所得收入中能用于进一步消费的比重越高，证明对后续产业的拉动作用越强，凯恩斯乘数则越高。反之，如果消费者所得收入中只有很少部分能用于进一步消费，则凯恩斯乘数较低。

凯恩斯模型的所需数据和计算过程最为简单，常见于对加勒比海沿海小国的邮轮经济贡献度进行评价。但是，这种模型评价方法也存在很多缺陷。首先，由于凯恩斯模型采用局部均衡分析法，没有考虑生产替代效应等机制，与投入产出模型、CGE 模型等一般均衡分析方法相比，理论假设不完全符合经济现实，在研究区域经济规模较大且经济结构较复杂时，计算结果的误差较大。其次，凯恩斯模型采用了静态的分析方法，不能反映经济结构的动态变化。最后，凯恩斯模型只能得到乘数值，不能反映各产业内部联系，不能得到分行业的邮轮总和经济贡献度数据。因此，有的学者认为"即使是最复杂的凯恩斯模型也不能满足政府决策需求"（Vanhove，2011）。

（二）投入产出模型

投入产出模型属于静态一般均衡模型，是世界各国评价邮轮旅游乘数效应和总和经济贡献度的最主要方法。基于对地区投入产出表的分析，投入产出模型能够反映各个产业间相互联系以及经济体的内部真实结构，能够反映增加值、中间投入、中间产品、最终产品的流向流量，能够计算乘数效应拉动的间接和引致产出。通过计算完全消耗系数，投入产出模型不仅能够计算出邮轮旅游直接消费对于经济体总产出的完全消耗，还能计算出对于单个行业产出的完全消耗，能够计算得出邮轮总和经济贡献度的产出、增加值、就业、收入、利润、税收等数值，政府部门能够借此形成有针对性的产业政策（钟契夫等，1997）。但是，投入产出模型也存在一些弱点：

第一，在生产函数中假设规模收益不变，不能够反映生产过程中的规模经济，也就是假设生产 10 个产品所需投入是生产 1 个产品的 10 倍，而在很多行业中随着产出的增加能够带来单位成本的节约。

第二，假设具有完全弹性的总和供给曲线，也就是说所有产出所需的生产要素都能自动被满足，而且生产要素价格保持不变，不会引致上文中提到的生产替代效应，不会对其他产业或其他地区的生产造成影响。当邮轮产业规模很小时，此假设是成立的。但是，当上海每年邮轮旅客达到 200 万人次以上时，很难保证如此大规模的邮轮旅游消费不对产品价格造成影响。

第三，邮轮旅游直接消费被假设为外生变量，而不是由特定经济社会背景下具体的微观行为模型确定的，边际消费替代率被假设为恒定值，也就是说邮轮经济在运行过程的产品价格、居民收入等变化不会反过来对邮轮旅游消费造成影响。

第四，研究所参考的投入产出表相对滞后，不一定能反映当前的生产技术和经济结构，例如上海市最新的投入产出表为国家统计局公布的《中国地区投入产出表2017》中的相关数据（国家统计局国民经济核算司，2020），距离本书出版已有7年时间，与上海的经济现实已有一定差距。

尽管存在上述问题，投入产出模型仍然是各国经济贡献度评价实践中最可行、使用最为广泛的模型，广泛运用于各地区的经济贡献度评价体系中。

（三）可计算一般均衡模型

CGE模型（可计算一般均衡模型）是基于投入产出模型的动态一般均衡模型，它包含了资源约束、生产要素替代、产品价格替代、需求收入变动等内容，能够反映邮轮经济增长过程中的生产者行为、消费者行为、产业联系等动态变化，得出的结果更为真实合理。CGE模型实际上放松了投入产出模型中部分较为严格的假设前提，考虑了邮轮经济增长过程中生产和消费间的复杂相互作用，计入了邮轮旅游的综合成本和负面影响效应，因此CGE模型计算出的经济贡献度一般低于投入产出模型结果（Stabler et al.，2010），在负面影响效应很大时CGE模型计算结果甚至可能为负。

CGE模型是较为齐全和详细的乘数效应估算方法，他们对于经济体运行的限制性假设更少，能够较为全面地反映生产者和消费者的动机和行为，更为客观地反映经济现实。CGE模型大约从20世纪90年代开始用于旅游经济影响效应评价领域，但是在邮轮经济影响效应评价方面尚属罕见。CGE模型建立在投入产出模型的基础上，需要极其详尽的调查数据和复杂的计算模型，一般在投入产出模型已经十分完善后才开始逐步构建。

第二节　邮轮经济贡献度评价实证案例

发达国家邮轮经济贡献度评价研究已有较长历史。梅斯孔等（Mescon et al.，1985）运用投入产出模型评价了邮轮产业对迈阿密的产出、增加值、就业、工资等贡献。德怀尔等（Dwyer et al.，1996）研究了邮轮旅游对澳大利亚的经济影响效应。进入 21 世纪，邮轮经济贡献度评价的总量和类型都显著增加。邮轮经济贡献成为世界旅游组织（World Tourism Organization，2010）、联合国贸易和发展会议（Wright，2001）等国际组织关注的亮点。国际邮轮企业协会（CLIA）每年度都发布邮轮产业对美国、加拿大、澳大利亚、欧洲等区域的经济贡献度报告，并在此基础上编写全球邮轮经济贡献度报告。2004 年美国夏威夷州政府研究了邮轮产业对于全州经济的影响效应（Hawaii DBEDT，2004），2009 年伦敦市对邮轮经济的发展前景进行了预测（London Development Agency，2009），纽约市自 2009 年以来每年度都发布邮轮经济影响报告。在洛杉矶、南安普敦、巴塞罗那等城市的港口经济影响报告中，邮轮经济都是重要内容。学者们也出版了众多邮轮经济贡献度评价的学术论文和专著（Braun et al.，2002；Chase et al.，2003；Brida et al.，2010；Papathanassis et al.，2012）。

一、全球邮轮经济贡献度评价

国际邮轮企业协会（CLIA，2023a）出版了研究报告《全球邮轮旅游经济贡献 2022》，对全球邮轮经济贡献度进行了评价。

（一）数据获取

国际邮轮企业协会（CLIA）有详细的全球邮轮部署、停靠港口、停靠时间、邮轮航线、邮轮旅游者人数、邮轮旅游者上下船统计、邮轮船员数、邮轮船员上下船统计等数据，能够计算得出各港口的邮轮旅游人次和停留时间。

邮轮企业、邮轮旅游者、邮轮船员的消费数据可通过问卷调查得出。基于往年的调查数据，通过调整通货膨胀等因素，可推算得出最新年度的消费数据。

综合上述的平均消费数据和旅游人次数据，就得到了邮轮旅游直接消费数据。2022 年，全球 77.0% 的邮轮运力集中在加勒比海、地中海、北部欧洲和阿拉斯加四个目的地，全球 89.8% 的邮轮旅游者来自北美和欧洲区域（CLIA，2023a）。国际邮轮企业协会在编写《全球邮轮旅游经济贡献2022》时重点研究了上述两大区域的邮轮旅游经济贡献数据。

（二）评价方法

通过加总邮轮企业、邮轮旅游者、邮轮船员的消费数据分析得到邮轮直接经济贡献度，运用投入产出模型计算得出邮轮总和经济贡献度。

（三）评价结果

图 1 - 1 显示了 2022 年全球邮轮直接经济贡献，可以看出邮轮旅游直接拉动全球经济产出为 639 亿欧元。其中，仅邮轮企业采购就拉动全球经济产出 307 亿欧元，约占 48.0%。邮轮旅游者拉动全球经济产出 148 亿欧元，约占 23.2%。

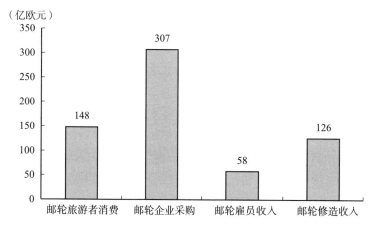

图 1 - 1　2022 年全球邮轮旅游直接经济贡献

资料来源：CLIA. Contribution of Cruise Tourism to the Global Economy 2022 ［R］. London：Oxford Economics，2023a.

表 1 - 4 显示了 2022 年全世界邮轮旅游直接经济贡献、间接和引致经济贡献、总和经济贡献，包括了产出、收入和就业三大指标。可以看出，邮轮旅游除了能够直接拉动经济增长之外，还能通过乘数效应带来更大的经济效益，邮轮的总和经济贡献大致是直接经济贡献的 $\frac{1376}{622} = 2.21$ 倍（乘数值），与本书在上文计算出的上海"住宿和餐饮业"乘数值 $\frac{1116}{519} = 2.15$ 差距不大。

表 1 -4　　　　　　　　　2022 年全球邮轮旅游经济贡献

类别	单位	直接经济贡献	间接和引致经济贡献	总和经济贡献
经济产出	亿欧元	622	754	1376
国内生产总值	亿欧元	293	396	689
就业岗位	人	763000	448000	1211000
劳动者报酬	亿欧元	220	208	428

资料来源：CLIA. Contribution of Cruise Tourism to the Global Economy 2022 ［R］. London：Oxford Economics，2023a.

表 1-5 显示了全球邮轮旅游活动和产业经济的空间分布特征。从邮轮旅游活动和邮轮产业经济来看，欧洲都是最大区域，占到了全世界邮轮旅游者的 36.6%、邮轮旅游直接经济贡献的 43.9%、邮轮旅游总和经济贡献的 43.0%。欧洲、美国和加拿大合计占据了全世界邮轮旅游者的 62.2%、邮轮旅游直接经济贡献的 80.2%、邮轮旅游总和经济贡献的 81.5%。

表 1-5　　　　　　　2022 年全球邮轮旅游经济空间分布

类别	单位	欧洲	美国	加拿大	其他地区	全球
邮轮旅游者	万人	4136.8	2634.8	248.7	4273.2	11293.5
直接经济贡献	亿欧元	273	213	13	123	622
总和经济贡献	亿欧元	592	503	26	255	1376

资料来源：CLIA. Contribution of Cruise Tourism to the Global Economy 2022 ［R］. London：Oxford Economics，2023a.

二、欧洲邮轮经济贡献度评价

国际邮轮企业协会（CLIA，2023b）发布研究报告《邮轮旅游对欧洲经济贡献度 2022》，对欧洲邮轮经济贡献度进行了评价。

（一）数据获取

与全球邮轮经济贡献度评价类似，欧洲邮轮经济贡献度评价的平均消费数据和雇员收入数据来源于问卷调查，旅游人次数据、邮轮修造收入数据则来源于国际邮轮企业协会。

（二）评价方法

通过加总邮轮旅游者在欧洲港口消费、邮轮企业在欧洲采购、邮轮企业雇员收入、欧洲造船厂邮轮修造收入，得到邮轮直接经济贡献度，运用投入产出模型计算得出邮轮总和经济贡献度。

2022 年全球 126 亿欧元的邮轮修造业务中，有 114 亿欧元发生于欧洲，占到了总量的 90.5%，重点集中在德国、意大利、法国、芬兰等欧洲国家（CLIA，2023a）。因此，欧洲邮轮经济贡献度评价的最大特点是邮轮修造收入占比最高。欧洲邮轮经济贡献度评价的另一个特点是用邮轮企业雇员收入数据替代了邮轮船员消费数据。邮轮企业雇员中除了邮轮船员在欧洲邮轮港口消费以外，他们作为欧洲居民长期在欧洲居住，收入的主要部分也用于生活开支，因此将他们的收入计入邮轮旅游直接消费。

（三）评价结果

图 1-2 显示了 2022 年欧洲邮轮直接经济贡献度。邮轮旅游直接拉动欧洲经济产出为 260 亿欧元。其中，欧洲造船厂的邮轮修造收入为 109 亿欧元，约占 41.9%；邮轮企业在欧洲采购 103 亿欧元，约占 39.6%；邮轮旅游者在欧洲港口消费 38 亿欧元，约占 14.6%；邮轮企业雇员收入 10 亿欧元，约占 3.8%。

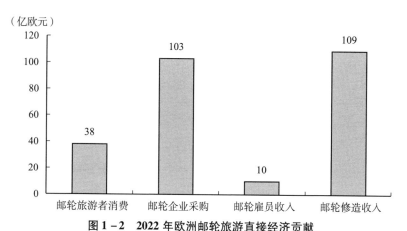

图 1-2　2022 年欧洲邮轮旅游直接经济贡献

资料来源：CLIA. *Economic Contribution of Cruise Tourism to Europe* 2022 ［R］. London：Oxford Economics，2023b.

表 1-6 显示了 2022 年欧洲邮轮旅游直接经济贡献和总和经济贡献。在全球邮轮经济贡献度评价的产出、收入和就业三大指标基础上，欧洲邮轮经济贡献度评价还加入了国内生产总值指标。可以计算得出，欧洲邮轮产业的乘数值为 $\frac{564}{260}=2.17$。

表 1-6　　　　　　2022 年欧洲邮轮旅游经济贡献

类别	单位	直接经济贡献	总和经济贡献
经济产出	亿欧元	260	564
国内生产总值	亿欧元	109	256
劳动者报酬	亿欧元	57	149
就业岗位	人	156793	369858

资料来源：CLIA. *Economic Contribution of Cruise Tourism to Europe* 2022 ［R］. London：Oxford Economics，2023b.

表 1-7 显示了 2022 年欧洲各国邮轮旅游总和经济贡献。其中，意大利的邮轮旅游经济最为发达，占到了整个欧洲邮轮旅游经济的 27.66%。意大利、德国、法国、英国和西班牙等五个国家占到了欧洲邮轮旅游经济的 78.90%。

表 1-7　　　　　　2022 年欧洲各国邮轮旅游总和经济贡献

国家	经济产出（亿欧元）	国内生产总值（亿欧元）	就业岗位（万人）
意大利	156	66	9.3
德国	93	45	5.9
法国	77	35	3.8
英国	62	31	4.5
西班牙	57	26	4.2
挪威	27	12	1.0

国家	经济产出（亿欧元）	国内生产总值（亿欧元）	就业岗位（万人）
芬兰	25	11	1.2
希腊	14	6	1.4
葡萄牙	8	4	1.0
荷兰	8	4	0.4
欧洲其余国家	37	17	4.2
欧洲	564	257	36.9

资料来源：CLIA. *Economic Contribution of Cruise Tourism to Europe* 2022 ［R］. London：Oxford Economics，2023b.

三、美国邮轮经济贡献度评价

国际邮轮企业协会（CLIA，2023c）发布研究报告《邮轮旅游对美国的经济贡献2022》，对美国邮轮经济贡献度进行了评价。

（一）数据获取

与全球邮轮经济贡献度评价类似，美国邮轮经济贡献度评价的平均消费数据来源于问卷调查，旅游人次数据则来源于国际邮轮企业协会。

（二）评价方法

美国邮轮经济贡献度评价的特点在于对邮轮旅游拉动的行业进行了细分，并且分类研究了邮轮旅游者消费、邮轮企业采购和邮轮修造收入、邮轮雇员收入所拉动的具体行业。

从具体评价方法来看，通过加总"邮轮旅游者消费""邮轮企业采购和邮轮修造收入"和"邮轮雇员收入"的直接经济贡献，得到邮轮直接经济贡献度，并运用投入产出模型计算得出邮轮总和经济贡献度（CLIA，2020b）。

（三）评价结果

表1-8显示了2022年美国的邮轮直接经济贡献度，邮轮旅游直接拉动美国经济产出为216.39亿美元。其中，"邮轮旅游者消费"约占到了24.4%，"邮轮企业采购和邮轮修造收入"约占到了69.7%，"邮轮雇员收入"约占到了5.8%。

表1-8　　　　　　2022年美国邮轮产业直接经济效应

行业	经济产出（亿美元）	就业岗位（人）	劳动者报酬（亿美元）
1. 邮轮旅游者消费	**52.85**	**38000**	**16.45**
交通运输	28.55	20800	10.09
住宿和餐饮服务	16.55	12800	4.81
艺术、娱乐和游憩	1.51	1400	0.59
购物	6.24	3000	0.96
2. 邮轮企业采购和邮轮修造收入	**150.92**	**60000**	**45.68**
农业、林业、采矿业和建筑业	0.78	300	0.23
制造业	26.28	3300	2.64
石油和煤炭产品	13.37	700	0.60
交通运输设备	5.00	1300	0.81
食品	2.70	400	0.27
机械	0.96	200	0.26
电脑和电子产品	0.91	200	0.16
电气设备和组件	0.86	100	0.13
金属制品	0.82	100	0.12
其他	1.66	300	0.29
批发业	5.55	900	0.92
零售业	8.46	5700	2.49

行业	经济产出（亿美元）	就业岗位（人）	劳动者报酬（亿美元）
运输和仓储	16.24	7200	4.46
信息服务	24.83	2300	5.24
金融、保险和房地产	9.69	4100	3.75
专业、科学和技术服务	18.04	7400	6.74
行政和支持服务	23.34	16700	10.40
住宿和餐饮服务	1.24	1300	0.49
其他	16.47	10800	8.32
3. 邮轮企业雇员	**12.62**	**19000**	**15.78**
4. 合计	**216.39**	**117000**	**77.91**

资料来源：CLIA. *Economic Contribution of Cruise Tourism to the United States* 2022［R］. London：Oxford Economics，2023c.

表1-9显示了2022年美国的邮轮旅游总和经济贡献，同样包括了产出、收入和就业三大指标。可以计算得出，美国邮轮产业的乘数值为 $\frac{503.33}{216.39} = 2.33$。

表1-9　　　　2022年美国邮轮产业直接经济效应

行业	经济产出（亿美元）	就业岗位（人）	劳动者报酬（亿美元）
1. 邮轮旅游者消费、邮轮企业采购和邮轮修造收入	**483.03**	**201000**	**149.41**
农业、林业、渔业和狩猎	4.07	2200	0.97
采矿、采石、石油和天然气开采	6.95	600	1.29
公用事业	7.21	400	0.99
建筑业	2.73	900	0.66

行业	经济产出（亿美元）	就业岗位（人）	劳动者报酬（亿美元）
制造业	61.41	8400	7.89
批发业	21.27	4100	4.67
零售业	23.25	16900	7.65
运输和仓储	58.33	36200	22.50
信息产业	55.38	5200	12.07
金融和保险	40.21	11200	12.03
房地产和租赁	32.80	6200	3.09
专业、科学和技术服务	39.42	16100	17.34
企业管理	9.58	3000	4.59
行政和支持服务	36.74	27100	17.15
教育服务	1.89	2100	1.13
医疗保健和社会援助	18.30	12500	9.37
艺术、娱乐和游憩	5.50	5000	2.10
住宿和餐饮服务	30.27	24500	9.87
其他服务（行政管理除外）	19.84	14600	9.98
政府	7.88	3800	4.07
2. 邮轮企业雇员	**20.30**	**28000**	**22.26**
3. 合计	**503.33**	**229000**	**171.67**

资料来源：CLIA. *Economic Contribution of Cruise Tourism to the United States* 2022 ［R］. London：Oxford Economics, 2023c.

表1－10显示了2022年美国邮轮产业增加值排名前十位的州，它们占到了美国邮轮产业经济总量的78.5%。可以看出，美国的邮轮产业经济集中在沿海各州且分布并不均衡。其中，仅佛罗里达州的邮轮产业增加就达到了100.98亿美元，占全国总量的36.4%（CLIA，2023c）。

表 1-10　　　　2022 年美国邮轮产业增加值排名前十位州

地区	邮轮产业增加值（亿美元）	占全国比重（%）
佛罗里达	100.98	36.40
加利福尼亚	33.15	11.95
得克萨斯	23.36	8.42
华盛顿	16.88	6.09
纽约	11.14	4.02
阿拉斯加	9.55	3.44
新泽西	7.65	2.76
路易斯安那	6.26	2.26
佐治亚	4.67	1.68
宾夕法尼亚	4.07	1.47
美国	277.40	100

资料来源：CLIA. *Economic Contribution of Cruise Tourism to the United States* 2022 ［R］. London：Oxford Economics，2023c.

四、加拿大邮轮经济贡献度评价

国际邮轮企业协会（CLIA，2021）发布研究报告《邮轮旅游对加拿大的经济贡献 2019》，对加拿大邮轮经济贡献度进行了评价。

（一）数据获取

加拿大邮轮经济贡献度评价的数据主要来源于以下五大渠道：（1）针对邮轮企业和邮轮企业协会进行调研；（2）从邮轮港口搜集邮轮航线、班次、旅游者、收费等数据；（3）在 7 个主要邮轮港口针对 18000 名船员和旅游者进行满意度和消费调查，包括有岸上停留时间、分类别的旅游消费额、旅游满意度（游览、安全、价格、购物等）、重游意愿、人口学特征等；（4）从其他研究成果或统计数据中搜集邮轮旅游者和邮轮船员的消费数据；（5）从加拿大统计局获取经济社会背景数据

（CLIA，2021）。

（二）评价方法

加拿大邮轮经济贡献度评价的特点主要表现在以下两大方面：首先，在经济贡献度评价指标体系中增加了税收，评价邮轮产业能够带来的直接和总和税收收入，并将税收分为营业税和个人所得税两类；其次，加拿大在评价全国邮轮经济贡献度的同时，还将全国划分为不列颠哥伦比亚省、魁北克省、大西洋沿岸四省、其他等四大区域分别评价邮轮经济贡献度。

从具体评价方法来看，还是通过加总邮轮企业、邮轮旅游者、邮轮船员的消费数据分析得到邮轮直接经济贡献度，运用投入产出模型计算得出邮轮总和经济贡献度（CLIA，2021）。

（三）评价结果

表1－11显示了2019年加拿大的邮轮经济贡献度，可以看出，邮轮旅游可以直接拉动产生2.254亿加拿大元的税收收入，间接拉动产生4.665亿加拿大元的税收收入。从邮轮经济贡献的空间分布来看，邮轮经济效益在空间上分布不均，仅温哥华所在的不列颠哥伦比亚一省就占据了直接经济效应的66.7%和总和经济效应的63.5%。另外，加拿大邮轮产业的乘数值为 $\frac{42.779}{19.975} = 2.14$。

表1－11　　　　　　2019年加拿大邮轮经济贡献

项目	全国	不列颠哥伦比亚省	魁北克省	大西洋沿岸四省	其他地区
游客数					
邮轮旅游者（人）	3062800	1792400	396800	873600	—

续表

项目	全国	不列颠哥伦比亚省	魁北克省	大西洋沿岸四省	其他地区
直接经济效应					
经济产出（亿加拿大元）	19.975	13.323	3.241	1.572	1.839
就业岗位（人）	16927	10104	3268	1145	2410
劳动者报酬（亿加拿大元）	6.706	4.433	1.163	0.458	0.653
税收（亿加拿大元）	2.254	1.384	0.311	0.138	0.422
总和经济效应					
经济产出（亿加拿大元）	42.779	27.178	7.118	3.472	5.002
就业岗位（人）	30257	17379	5095	2085	5698
劳动者报酬（亿加拿大元）	14.360	8.786	2.614	0.949	2.011
税收（亿加拿大元）	4.665	2.640	0.665	0.294	1.067

资料来源：CLIA. *Economic Contribution of Cruise Tourism to the United States* 2022 ［R］. London：Oxford Economics，2023c.

五、纽约邮轮经济贡献度评价

纽约邮轮港（NYCruise，2018）发布研究报告《纽约邮轮港2017年经济影响研究》，对纽约邮轮经济贡献度进行了评价。

（一）数据获取

纽约邮轮港有详细的旅游人次数据，平均消费数据主要来源于针对旅游者和船员的问卷调查。纽约邮轮港于2017年10月至12月调查了1594名邮轮旅游者和625名邮轮船员，这些调查对象分别来自在纽约邮轮港停靠的8艘邮轮，具有较强的代表性（NYCruise，2018）。

（二）评价方法

纽约邮轮经济贡献度评价的特点主要包括以下三大方面：首先，细分了邮轮旅游者类别，将邮轮旅游者分为过夜母港旅游者、不过夜母港旅游者、访问港旅游者三类；其次，着重评价了邮轮直接经济贡献，但并未评价邮轮总和经济贡献；最后，详细调查了邮轮旅游者的人口学特征、出游时间、出游频率、出游目的、游客满意度等指标。

（三）评价结果

2017 年纽约邮轮旅游直接拉动全市经济产出为 2.28 亿美元，其中约 1.71 亿美元来自旅游者和船员的岸上消费。表 1 - 12 显示了 2017 年纽约市不同类型邮轮旅游者及船员的岸上消费。过夜母港旅游者岸上消费额最高，达到了约 1.43 亿美元，占到了旅游者和船员岸上消费的83.49%。其次是访问港旅游者，消费额达到了约 617 万美元，占旅游者和船员岸上消费的 3.61%。消费额最低的是不过夜母港旅游者，消费额约为 476 万美元，他们主要将纽约作为上下邮轮的交通枢纽，很少有城市旅游活动。邮轮船员消费额约为 1732 万美元，占旅游者和船员岸上消费的 10.12%，高于访问港旅游者和不过夜母港旅游者之和。

表 1 - 12　　　　2017 年纽约邮轮旅游者和邮轮船员岸上消费

消费类别	过夜母港旅游者		不过夜母港旅游者		访问港旅游者		邮轮船员	
	金额（美元）	比重（%）	金额（美元）	比重（%）	金额（美元）	比重（%）	金额（美元）	比重（%）
餐饮消费	19536787	13.68	675015	14.19	1104798	17.89	3350605	19.35
出租车、地面交通	5995149	4.20	449001	9.44	372203	6.03	806042	4.65
手表、珠宝	2640496	1.85	285560	6.00	239025	3.87	555424	3.21
服装	8522156	5.97	186238	3.92	712444	11.54	3701605	21.37
娱乐、博彩、夜总会	4221833	2.96	1028229	21.62	570002	9.23	543006	3.14
停车	437385	0.31	302919	6.37	—	—	—	—
博物馆、美术馆	3479722	2.44	70976	1.49	507929	8.23	243845	1.41

消费类别	过夜母港旅游者		不过夜母港旅游者		访问港旅游者		邮轮船员	
	金额（美元）	比重（%）	金额（美元）	比重（%）	金额（美元）	比重（%）	金额（美元）	比重（%）
其他消费	14962844	10.48	1292099	27.17	1072835	17.37	7803026	45.06
住宿	79436949	55.62	—	—	—	—	—	—
游览	3577260	2.50	465917	9.80	1595356	25.84	314966	1.82
合计	142810581	100	4755954	100	6174592	100	17318519	100

资料来源：NYCruise. 2017 *NYCruise Economic Impact Study* ［R］. New York：NYCruise，2018.

六、卡纳维拉尔港邮轮经济贡献度评价

布劳恩等（Braun et al.，2002）在学术期刊《旅游经济》上发表了文章《邮轮产业对于区域经济的影响——以卡纳维拉尔港为例》，研究了邮轮产业对于卡纳维拉尔港（Port Canaveral）的经济贡献度。

（一）数据获取

数据来源包括一手数据和二手数据。一手数据主要包括对邮轮企业、邮轮旅游者的调查，以及对邮轮企业经理和雇员的访谈。二手数据主要包括全国和地方政府公布的统计数据，以及邮轮企业协会出版的相关研究报告。

（二）评价方法

从具体评价方法来看，本案例也是通过加总邮轮企业、邮轮旅游者、邮轮船员的消费数据分析得到邮轮直接经济贡献度，运用投入产出模型计算得出邮轮总和经济贡献度。

与上述案例采用邮轮旅游消费来反映邮轮经济贡献度不同，本案例

采用邮轮产业增加值来反映邮轮经济贡献度。另外，本案例将税收细分为地方税收和州级税收两类分别进行研究。

（三）评价结果

表1-13 显示了1999年卡纳维拉尔港所在布雷瓦德县的邮轮经济贡献，与上述各案例最大的区别在于，本案例采用增加值而不是产出来反映邮轮经济贡献，它不反映邮轮产业对经济的直接拉动作用，但能反映邮轮产业的规模大小。因此，可以算出1999年布雷瓦德县的邮轮产业规模为11317万美元，与全县GDP相除后能够进一步得到邮轮产业占GDP的比重（Braun et al.，2002）。邮轮产业增加值又能进一步分解为劳动者报酬、生产税净额等部分，进而计算得出邮轮产业解决就业人数、上缴税收额等数据。

表1-13　　　1999年佛罗里达州布雷瓦德县邮轮经济贡献

项目	单位	邮轮企业	邮轮旅游者	邮轮船员	邮轮产业合计
直接经济效应					
增加值	万美元	10122	762	433	11317
全职工作当量	人	5581	482	201	6264
工资收入	万美元	7820	508	261	8588
地方税收	万美元	71	11	6	89
州级税收	万美元	91	16	9	115
引致经济效应					
增加值	万美元	6235	476	218	6929
全职工作当量	人	3600	135	80	3815
工资收入	万美元	4504	227	110	4841
地方税收	万美元	43	7	3	53
州级税收	万美元	54	8	4	66

项目	单位	邮轮企业	邮轮旅游者	邮轮船员	邮轮产业合计
总和经济效应					
增加值	万美元	16357	1237	652	18246
全职工作当量	人	9181	617	281	10079
工资收入	万美元	12324	735	371	13430
地方税收	万美元	115	18	10	142
州级税收	万美元	145	24	12	181

资料来源：Braun, Bradley M., James A. Xander, and Kenneth R. White. The impact of the cruise industry on a region's economy: a case study of Port Canaveral, Florida [J]. *Tourism Economics*, 2002, 8 (3): 281 –288.

第三节　上海邮轮经济贡献度评价方法

基于上述两节对于邮轮经济贡献度评价理论、方法和案例的分析，本节将分析上海邮轮经济的特点和发展趋势，构建上海邮轮经济贡献度的评价体系。

一、上海邮轮经济发展特点和趋势

设计邮轮经济贡献度评价体系首先需要客观分析上海邮轮经济特征，上海邮轮经济发展的特点和趋势可以总结为以下八个方面。

（一）邮轮旅游者结构多元化

在宝山区复制推广自贸试验区改革试点经验，积极推动探索"区港联动"制度创新的背景下，通过抓紧推进外国旅游团乘坐邮轮入境免签政策，探索建立境外游客海港空港联动机制，落实相应入境便利化措施，不断优化邮轮港的口岸监管服务环境，能够有效提升入境邮轮旅游者的便利化程度，提高邮轮旅游者中的外国游客比重，增加以上海为访问港的邮轮班次。

随着上海邮轮旅游的国内客源市场范围不断扩大，以及近海邮轮旅游业务的发展条件逐步成熟，上海邮轮旅游者中的远程旅游者比重将持续增加，过夜母港旅游者、访问港旅游者的比重将进一步提升，扭转上海邮轮旅游发展初期不过夜母港旅游者占绝大多数的局面。

（二）邮轮船供产业受到重视

船供产业是邮轮产业中最为重要的部分，也是邮轮母港的重要功能，2022 年在全世界邮轮直接经济贡献中邮轮企业支出占到了 48.0%（CLIA，2023a）。现在由于税收、关检等制度原因，在东北亚地区运营的邮轮企业大多都选择在韩国釜山建立邮轮物资配送中心，有时甚至将中国商品出口到釜山后又提供给母港在中国的邮轮。在 2024 年 4 月国务院通过《国际邮轮在中华人民共和国港口靠港补给的规定》的背景下，随着海关监管制度和检验检疫制度创新的推进，境内和境外物资供船模式逐步成熟，上海的邮轮船供物资专用保税仓库、邮轮物资配送中心等建设将取得突破，邮轮船供产业将迎来快速发展期。

（三）邮轮服务领域逐步拓宽

上海积极探索开展邮轮维修保养业务，实施全球维修产业检验检疫监管制度，推动区内注册的旅行社经营邮轮出境旅游业务。同时，上海积极建设邮轮人才教育培训机构和职业技能培训机构，加强邮轮产品研发、销售和领队人员培训，探索设立邮轮人才中介机构。可以看出，上海邮轮产业的服务领域在迅速拓宽，对上海经济增长的贡献作用不断增强。

（四）邮轮总部经济开始显现

随着中国邮轮经济快速扩张，越来越多的大型国际邮轮企业选择在上海设立区域总部，很多国内邮轮企业也将总部设在上海，邮轮总部经济已经初见端倪。随着上海邮轮企业营商环境的进一步改善，邮轮总部经济集聚效应的进一步增强，将会有更多企业成为上海邮轮总部基地的组成部分。另外，上海也将成为国际性邮轮组织或行业协会地区性总部的首选区位，进一步增强邮轮总部经济功能。

（五）邮轮周边产业快速发展

上海积极围绕邮轮港口发展邮轮港口服务、邮轮配套服务、水陆旅游、航运中介、邮轮装备技术研究、邮轮设计与修造、邮轮旅游跨境商品交易中心及电商平台等行业，邮轮产业链进一步延伸，邮轮产业的覆盖面进一步拓展，对整体经济的拉动能力进一步增强。

（六）本土邮轮产业取得突破

上海积极培育和组建本土邮轮企业，鼓励国际邮轮公司在沪建立合资邮轮旅游企业。随着上海外高桥造船有限公司建造的国产大型邮轮"爱达·魔都号"于2024年1月1日开始商业首航，标志着上海的本土邮轮产业发展取得跨越式突破。随着国内邮轮市场的急速扩张，可以预见上海的本土邮轮产业也将随之快速发展。本土邮轮企业与国外企业相比，能够将更多的营业盈余留在本地，进而用于消费或投资，能够从国内采购更多的商品和服务，能够雇用更多的本地员工，也能够在本地缴纳更多的税收。因此，本地邮轮产业能够给上海带来更多的经济影响效应。

（七）邮轮公共服务更加完善

上海的吴淞口国际邮轮港和北外滩国际客运中心不断完善基础设施建设，推进邮轮靠港使用岸电技术等，并结合吴淞口国际邮轮港的后续工程建设，实现基础设施的升级扩容。同时，上海努力提升邮轮港口地区的综合服务管理水平，优化交通、安全与服务等设施，改善邮轮港区的周边环境。可以预见，随着邮轮产业的快速发展，邮轮公共服务无论从质还是量上都将迅速提升，政府消费支出的金额也将不断增加，政府消费将成为邮轮经济贡献的重要来源。

（八）带动城市旅游能力增强

邮轮旅游已经成为上海城市旅游快速增长的重要驱动力。例如，2019年上海市宝山区共接待旅游人数1118.20万人次，全区纳入统计的旅行社、旅游饭店和旅游景区（点）营业总收入75.75亿元，实现了旅游业的快速增长（上海市宝山区统计局，2020）。随着上海旅游目的地建设进一步完善，邮轮旅游与城市旅游的互补性进一步增强，可以预见邮轮旅游将对城市旅游发挥更大的带动作用。

二、上海邮轮经济贡献来源结构

通过分析上海邮轮经济发展的特点和趋势，我们可以发现邮轮经济对于上海经济的贡献是全面而深刻的。例如，宝山区通过建设吴淞口国际邮轮港，把发展邮轮经济作为战略支柱，通过整合多方资源，培育和拉长邮轮产业链，实现从"邮轮码头"到"邮轮港"再到"邮轮城"的发展道路。因此，在评价上海邮轮经济贡献度时也应该采取综合性的指标体系，以全面反映邮轮经济的影响效应。综合考虑上海邮轮经济的特殊性，邮轮经济贡献主要来源于邮轮旅游者消费、邮轮船员消费、邮轮企业运营费用、邮轮企业管理费用、固定资产投资、基础设施和公共服务六大方面，见图1-3。

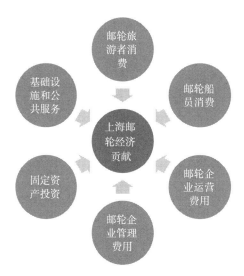

图1-3 上海邮轮经济贡献主要来源

资料来源：作者整理得出。

（一）邮轮旅游者消费

邮轮旅游者消费指旅游者因为邮轮旅游而在上海境内发生的所有旅游消费，既包括在港口和码头的消费，也包括邮轮旅游开始前或结束后在上海城市旅游的消费，还包括外地旅游者乘坐省际交通往返上海产生的部分交通费用。一般可将邮轮旅游者消费划分为长途交通、市内交通、住宿、餐饮、购物、市内游览、娱乐、通信等类别。

应注意邮轮旅游者消费不包括邮轮船票，也不包括旅游者在邮轮船上的消费。其中，省际交通费用总额仅计入上海交通企业的收入部分，需要根据高铁、飞机、长途汽车、自驾车等不同交通方式决定，也需要考虑不同交通企业注册地等因素。

要准确计算出上海邮轮旅游者消费数据，需要邮轮旅游者人次和邮轮旅游者人均消费额两类指标：

一般而言，邮轮旅游者人次统计较为健全，可以从邮轮港口、市商务委（市口岸办）、上海边检总站等单位直接获取。但应注意区分过夜母港旅游者、不过夜母港旅游者和访问港旅游者。不过夜母港旅游者和访问港旅游者一般不产生住宿消费，访问港旅游者没有长途交通费用。可以依据邮轮航行计划直接将旅游者划分为母港旅游者、访问港旅游者。母港旅游者是否在上海过夜则需考虑客源地、旅游者消费行为等因素。为了研究不同邮轮旅游者的消费行为，还需统计邮轮旅游者的国籍、性别、年龄等人口学特征。

邮轮旅游者人均消费额则主要依靠旅游者消费行为调查获得。其中，团队邮轮旅游者的部分岸上消费数据可以通过旅行社获得，邮轮旅游者在邮轮客运大楼、港口区域的部分消费数据可以从相关旅游企业处获得，省际交通费用则可以依据旅游者的客源地进行推算。

（二）邮轮船员消费

邮轮船员消费指邮轮船员在上海境内发生的相关消费，既包括邮轮停靠过程中邮轮船员在上海的消费，也包括邮轮运营前后邮轮船员在上海的消费，但不包括邮轮船员在船上的消费。与邮轮旅游者类似，邮轮船员消费也可划分为长途交通、市内交通、餐饮、购物、市内游览、娱乐、通信等类别，邮轮船员一般不产生住宿费用。

计算邮轮船员消费需要邮轮船员上岸人次和邮轮船员平均消费额两类指标。邮轮船员上岸人次数据可以从邮轮港口、市商务委（市口岸办）、上海边检总站等单位获取。可以依据邮轮航行计划直接将邮轮船员划分为母港船员、访问港船员。

邮轮船员人均消费额则主要依靠船员消费行为调查获得。如果邮轮船员因为转港等公务而产生岸上消费，相关数据可以从邮轮企业处获得。在问卷调查过程中可以对邮轮船员是否以上海为常住地进行区分，如果不以上海为常住地，就调查船员在上海岸上的消费额，如果以上海为常住地，考虑到船员在上海长期生活的因素，可以将船员的所有收入计为岸上消费。

（三）邮轮企业运营费用

邮轮企业运营费用指邮轮企业与上海相关的邮轮运营和船上服务支出，包括船供费、燃料费、邮轮维修保养费、港口服务费等类别，但不包括邮轮企业在上海岸上办公产生的管理费。邮轮企业具有遍布全球的船供体系，应注意仅统计从上海本地采购的产品和服务。

邮轮企业保存有各项运营费用的详细财务记录，可以从邮轮企业直接获取相关数据。如果邮轮企业因为商业机密等考虑而拒绝提供，可以从船供企业、燃料供应企业、邮轮维修企业、港口服务企业等方面获得，也可以考虑从航运代理公司获取相关数据。

（四）邮轮企业管理费用

邮轮企业管理费用指邮轮企业在上海设立地区总部或分支机构所产生的管理费用，一般包括办公人员薪酬、企业办公费、市场营销费、服务外包费等部分。

一般而言，办公人员绝大多数都在上海长期居住，因此为了简化计算过程，将办公人员的薪酬总额都计为居民在上海本地的消费，具体的消费结构可以参考《上海统计年鉴》中的城镇居民家庭消费支出构成。

企业办公费包括邮轮企业在上海的租金、办公费、通信费、物业费等办公支出。

市场营销费包括邮轮企业为销售产品在上海的差旅费、运输费、广告宣传费、代理费、包装费等支出，应注意剔除邮轮企业在上海以外开展市场营销的费用。

服务外包费是指邮轮企业将部分管理业务外包给上海企业所产生的支出，如果外包给上海以外企业则应予以剔除。

上述数据可以通过调研邮轮企业、查询邮轮公司年度报告、近似企业估算等方式获得。

（五）固定资产投资

首先，包括邮轮企业购买上海制造邮轮的费用，由于邮轮是邮轮企业最重要的固定资产，其购置成本需要在邮轮企业多年的运营过程中逐步摊销，因此记为邮轮企业的固定资产投资，而不是邮轮企业运营费用。2023年以来上海在邮轮建造方面取得重大突破，相关数据可以从邮轮企业获取，也可以从中国船舶集团有限公司等邮轮制造企业获取。应注意，无论上海所制造邮轮是否以上海为母港，都应计入邮轮企业固定资产投资。

其次，邮轮企业、邮轮组织、邮轮行业协会等在上海购买车辆、办公场所，建设办公大楼等支出，也能以投资的方式拉动上海经济增长，应计入邮轮相关固定资产投资。投资数据可从邮轮企业或邮轮组织直接获取，也可以通过查询企业或组织的年度报告来获得。

（六）基础设施和公共服务

首先，上海各级政府为促进邮轮旅游发展，配套邮轮港口建设的交通基础设施、园林景观设施、公共旅游景区、休闲娱乐设施、游客服务中心、旅游厕所等服务设施，虽然并不能从旅游者、船员或邮轮企业处获得直接收入，但在建设过程中能以投资的方式拉动上海经济增长，应计为邮轮相关基础设施投资。

其次，邮轮相关基础设施在建成以后，道路、公园、博物馆、厕所等设施的运营维护也需要上海政府大量投入，它们在日常运转过程中能促进政府消费并拉动上海经济增长，应计为邮轮相关公共服务消费。

邮轮相关的基础设施投资和公共服务支出数据可从发展改革委、财政局、住房和城乡建设委、文化和旅游局等部门获取。应注意，本项目仅统计上海市内邮轮企业和旅游者无需付费的基础设施和公共服务。邮轮港口各项设施一般需要收取使用费，已在邮轮企业运营费用中有所体现，因此不计入本项目，以免造成重复计算。

三、上海邮轮经济贡献度评价数据获取方法

上海邮轮经济贡献主要来源于邮轮旅游者消费、邮轮船员消费、邮轮企业运营费用、邮轮企业管理费用、固定资产投资、基础设施和公共服务六大部分。为了计算每一部分对于上海经济的贡献度，需要基于各部分特点构建指标体系，并从多种渠道获取评价数据。表 1 – 14 为上海邮轮经济贡献度评价数据获取方法。

表 1 – 14　　　　　上海邮轮经济贡献度评价数据获取方法

类别	指标	数据来源	备注
经济社会背景数据	分行业劳动生产率	（1）上海市统计局； （2）经济普查数据	应细分到行业中类或小类
	投入产出表	上海市统计局	2012 年后最新投入产出表，具有 135 个以上部门
	省际贸易	（1）上海市统计局； （2）上海市商务委员会	邮轮相关商品和服务消费中来自市外比重
	对外贸易	（1）上海市统计局； （2）上海市商务委员会	邮轮相关商品和服务消费中来自境外比重

类别	指标	数据来源	备注
邮轮旅游者消费	邮轮旅游人次	(1) 邮轮港口； (2) 上海出入境边防检查总站	依据邮轮航行计划将旅游者划分为母港旅游者、访问港旅游者
	邮轮旅游者结构	(1) 旅行社； (2) 上海出入境边防检查总站	统计邮轮旅游者的国籍、性别、年龄等人口学特征
	母港旅游者客源结构	(1) 旅行社； (2) 上海出入境边防检查总站； (3) 旅游者消费行为调查	统计母港旅游者客源结构，将母港旅游者划分为过夜和不过夜两类
	访问港旅游者停留时间	(1) 旅行社； (2) 邮轮企业； (3) 上海出入境边防检查总站； (4) 旅游者消费行为调查	计算访问港旅游者在上海停留时间，进而估算消费额
	岸上旅游人均消费	(1) 旅行社； (2) 邮轮客运大楼； (3) 邮轮相关旅游企业； (4) 旅游者消费行为调查	包括邮轮旅游者在上海市内的各类消费
邮轮船员消费	邮轮船员上岸人次	(1) 邮轮港口； (2) 上海出入境边防检查总站	依据邮轮航行计划将船员细分为母港船员、访问港船员
	邮轮船员结构	(1) 邮轮企业； (2) 上海出入境边防检查总站	统计邮轮船员的国籍、性别、年龄等人口学特征
	母港船员来源结构	(1) 邮轮企业； (2) 上海出入境边防检查总站； (3) 船员消费行为调查	统计母港船员来源结构，依据是否以上海为常住地将母港船员分为两类
	访问港船员岸上停留时间	(1) 邮轮企业； (2) 上海出入境边防检查总站； (3) 船员消费行为调查	计算访问港旅游者在上海停留时间，进而估算消费额
	船员岸上人均消费	(1) 邮轮客运大楼； (2) 船员服务企业； (3) 船员消费行为调查	包括邮轮船员在上海市内的各类消费

类别	指标	数据来源	备注
邮轮企业运营费用	船供费	（1）邮轮企业； （2）船供企业	包括邮轮企业在上海采购的食品、饮料、日用品、易耗品等船供物资
	燃料费	（1）邮轮企业； （2）燃料油供应企业； （3）岸电供应企业	包括邮轮企业在上海购买的燃料油和岸电
	邮轮维修保养费	（1）邮轮企业； （2）邮轮维修企业； （3）邮轮装修改造企业	包括邮轮在上海的日常维修保养费用、装修改造费用
	港口服务费	（1）邮轮企业； （2）邮轮港口； （3）港口服务企业	包括上海邮轮港口使用费，以及拖船、领航、停泊、装卸等港口服务费
邮轮企业管理费用	办公人员薪酬	（1）邮轮企业； （2）公司年度报告； （3）国家税务总局上海市税务局	将办公人员薪酬视为常住居民在上海的消费
	企业办公费	（1）邮轮企业； （2）公司年度报告； （3）近似企业估算	包括邮轮企业用于岸上办公的房租、办公费、业务招待费、差旅费、修理费、通信费、车辆费、研究开发费、物业费等，应注意只计入在上海市产生的企业办公费
	市场营销费	（1）邮轮企业； （2）公司年度报告	包括邮轮企业用于销售的差旅费、运输费、广告宣传费、代理费、包装费等，应注意只计入在上海市产生的市场营销费
	服务外包费	（1）邮轮企业； （2）公司年度报告	包括邮轮企业将培训等业务外包给上海市企业的支出
固定资产投资	邮轮购买费	（1）邮轮企业； （2）造船企业	应注意只计入购买上海制造邮轮的费用
	固定资产投资支出	（1）邮轮企业； （2）邮轮组织； （3）邮轮行业协会； （4）公司年度报告； （5）上海市住房和城乡建设管理委员会	包括邮轮企业、邮轮组织、邮轮行业协会等购买车辆、办公场所，建设办公大楼等支出

类别	指标	数据来源	备注
基础设施和公共服务	基础设施投资	（1）上海市发展和改革委员会；（2）上海市住房和城乡建设管理委员会；（3）上海市财政局	包括邮轮相关的交通基础设施、园林景观设施、公共旅游景区、休闲娱乐设施、游客服务中心、旅游厕所等基础设施投资
	公共服务支出	（1）上海市财政局；（2）上海市绿化和市容管理局；（3）上海市文化和旅游局	包括邮轮相关的道路、公园、博物馆、厕所等设施的日常运营维护费用

资料来源：作者整理得出。

表 1-14 列出了上海邮轮经济贡献六大来源的评价指标体系和数据获取方法，并对数据搜集过程中应重视的问题进行了阐述。由于上海邮轮产业出现时间相对较晚，又以消费互补性来进行定义，因此难以直接从统计年鉴或官方报告中获得相关数据，而必须采取一系列有针对性的数据搜集方法才能有效评价邮轮经济贡献度。具体来看，全面评价上海邮轮经济贡献度的需要获取以下十大方面的数据：（1）《上海统计年鉴》、经济普查数据等统计数据；（2）针对发展和改革委、商务委（口岸办）、财政局、文化和旅游局等政府部门的调研；（3）来自商务委（口岸办）、上海边检总站的出入境统计；（4）针对邮轮企业的调研；（5）针对邮轮港口、邮轮服务企业的调研；（6）针对邮轮客运大楼、港口周边旅游企业的调研；（7）针对邮轮旅行社的调研；（8）邮轮旅游者消费行为调查；（9）邮轮船员消费行为调查；（10）针对邮轮组织、邮轮行业协会等非政府组织的调研。

四、上海邮轮经济贡献度评价指标体系

（一）上海邮轮经济贡献度评价技术路线

在搜集完整上海邮轮经济贡献六大来源的详细指标数据后，需要对

数据进行加工整理，进而计算得出上海邮轮直接经济贡献度和总和经济贡献度。

图1-4列出了上海邮轮经济贡献度评价的详细技术路线，展示了基于邮轮经济贡献评价数据计算得出邮轮直接经济贡献指标和总和经济贡献指标的全过程。

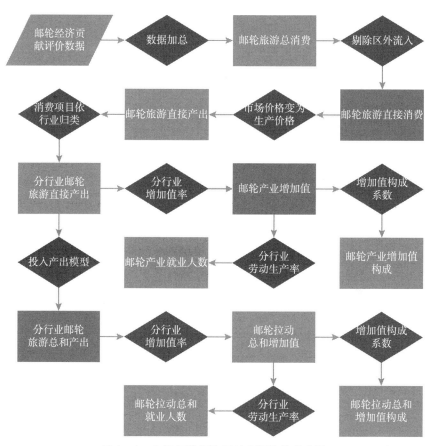

图1-4　上海邮轮经济贡献度评价技术路线

资料来源：作者整理得出。

（二）上海邮轮经济贡献度评价指标

评价上海邮轮经济贡献度需要构建综合性的指标体系，可以将指标分为"直接经济贡献度"和"总和经济贡献度"两大类，具体的指标和内涵如表1-15所示。

表1-15　　　　　　　　上海邮轮经济贡献度评价指标

类别	指标	内涵
直接经济贡献度	邮轮旅游直接消费	上海邮轮产业的直接产出扩张，包括邮轮产业增加值和中间投入
	邮轮产业增加值	上海邮轮产业规模大小
	劳动者报酬	上海邮轮产业劳动者获得的报酬
	生产税净额	上海邮轮产业各企业缴纳的税额
	固定资产折旧	上海邮轮产业各企业的固定资产折旧
	营业盈余	上海邮轮产业各企业获得的利润
	邮轮产业就业人数	上海邮轮产业的就业总人数
总和经济贡献度	邮轮旅游总和产出	邮轮旅游给上海各行业带来的总和产出扩张
	邮轮拉动总和增加值	邮轮旅游给上海各行业带来的总和规模扩张
	劳动者报酬	邮轮旅游给上海各行业劳动者增加的总和报酬
	生产税净额	邮轮旅游使上海各行业企业增加的总和纳税额
	固定资产折旧	邮轮旅游使上海各行业企业增加的总和固定资产折旧
	营业盈余	邮轮旅游使上海各行业企业增加的总和利润
	邮轮拉动总和就业人数	邮轮旅游给上海各行业增加的总和就业人数

资料来源：作者整理得出。

（三）上海邮轮直接经济贡献度指标计算方法

为了更为全面地评价上海邮轮直接经济贡献度，应该测算上海的邮轮旅游直接消费和邮轮产业增加值这两类指标。邮轮旅游直接消费能够反映邮轮旅游对上海经济的直接拉动，是评价邮轮直接经济贡献度的重要指标，它同时包含了邮轮产业的增加值和中间投入，因此数值一般高于邮轮产业增加值。邮轮产业增加值能够反映上海邮轮产业的规模大小，可用来计算邮轮产业占上海地区生产总值的规模。

1. 邮轮旅游直接消费

在获得邮轮经济贡献评价数据以后，将邮轮经济贡献六大来源的消费和投资额加总，可以得到上海的邮轮旅游总消费。但应注意这并不代表邮轮旅游对上海经济的真实直接拉动，因为虽然这些消费和投资都在上海本地发生，但是采购的商品和服务可能由市外甚至境外流入，流入部分对上海本地经济的带动作用较小。可以通过查阅最新投入产出表算出各行业的区外流入比重，也可以通过调研市商务委等部门以获得各具体产品的区外流入比重，进而将区外流入部分从邮轮旅游总消费中剔除，得到上海邮轮旅游直接消费。

2. 邮轮产业增加值

第一，上海邮轮旅游直接消费反映了邮轮旅游在上海所消费商品和服务的市场价格，它与生产价格相比增加了经销商利润和流通成本等，只有扣除这些中间成本，将市场价格还原为生产价格，才能真实反映邮轮产业各行业的规模大小，得到邮轮旅游直接产出。

第二，通过调研、问卷调查等所得到的消费数据是按照消费项目类型划分的，在计算邮轮旅游对上海各行业拉动作用时还需要将消费数据依产品性质划归国民经济各行业，才能够得到分行业的邮轮旅游直接产出。例如，通过邮轮企业调研得知邮轮企业购买了100万元的上海制造的办公家具，需要根据《国民经济行业分类标准》将这100万元划归"家具制造业"（国家统计局，2017）。

第三，在计算得出分行业邮轮旅游直接产出后，可以通过查阅最新投入产出表，算出各行业的增加值率，也就是各行业产出中增加值所占比重，进而算出邮轮产业各行业的增加值，并加总得到邮轮产业增加值。

第四，在算出分行业的邮轮产业增加值以后，可以通过投入产出表算出各行业的劳动者报酬系数、生产税净额系数、固定资产折旧系数、营业盈余系数，进而将上海邮轮产业增加值分解为劳动者报酬、生产税净额、固定资产折旧、营业盈余等四个部分，它们实际上反映了邮轮产业增加值在企业雇员、政府、企业所有者之间的分配机制。

第五，通过获取上海各行业的劳动生产率，还能够用分行业的邮轮产业增加值倒推出分行业的邮轮产业就业人数。由于邮轮产业的季节性较强，在旺季时劳动者可能加班工作，淡季时又从事其他行业，因此邮轮产业就业人数是全职工作当量（full time equivalent），未必是真实的上海邮轮产业就业人数。

（四）上海邮轮总和经济贡献度指标计算方法

上述邮轮直接经济贡献度的邮轮旅游直接消费、邮轮产业增加值等指标只能反映邮轮旅游对上海经济的直接拉动作用。邮轮产业在直接拉动上海各行业生产后，各行业又能拉动中间投入产业的生产，如此多轮反复通过乘数效应形成间接产出和引致产出，最终加总形成上海邮轮总和经济贡献。

上海邮轮总和经济贡献度的评价可以采用凯恩斯模型、投入产出模型、CGE 模型三种方法。凯恩斯模型法不能反映邮轮产业经济联系、不能得到分行业经济贡献指标、评价结果误差往往较大，因此在本书中不作考虑。CGE 模型法是基于投入产出模型的动态一般均衡模型，对于评价数据的全面性和精确性要求更高，在上海构建邮轮经济贡献度评价体系初期难以满足数据要求，因此也暂不考虑，等上海邮轮经济贡献度评价指标体系较为成熟完善时，可以考虑引入 CGE 模型。因此，参考国际惯例，本书主要采用投入产出模型来评价上海邮轮总和经济贡献度。

上文邮轮直接经济贡献度评价过程中计算出分行业的邮轮旅游直接产出，通过计算投入产出表的完全消耗系数矩阵，并与邮轮旅游直接产出列向量进行矩阵相乘，能够得出分行业的邮轮旅游总和产出，它反映了邮轮旅游给上海各行业带来的总和产出扩张。

在计算得出邮轮旅游总和产出后，可以通过查阅投入产出表，算出邮轮旅游拉动的上海分行业总和增加值，它反映了邮轮旅游给上海各行业带来的总和规模扩张。

在计算出邮轮旅游拉动的上海分行业总和增加值以后，可以通过投入产出表的劳动者报酬系数、生产税净额系数、固定资产折旧系数、营业盈余系数，将分行业总和增加值分解为劳动者报酬、生产税净额、固定资产折旧、营业盈余四个部分。它们反映了邮轮旅游能够给上海的企业雇员、政府、企业所有者等主体带来的总和收入增加。

在计算出邮轮旅游拉动的上海分行业总和增加值以后，还可以通过各行业的劳动生产率倒推出邮轮旅游拉动的分行业总和就业人数，它们反映了邮轮旅游给上海各行业增加的总和就业人数。

第四节 上海邮轮经济贡献度试评价

本节将对上海邮轮经济贡献度进行试评价，由于针对上述邮轮经济贡献六大来源的直接调查统计相对较少，本研究更多地依靠《旅游抽样调查资料》《上海统计年鉴》等间接数据。从现在已公开出版的统计数据来看，2019 年的各项数据较为齐全，且邮轮产业尚未受到新冠疫情影响，因此测算 2019 年的上海邮轮经济贡献度，主要目的是展示研究技术路线和评价指标体系，而并非测算邮轮经济贡献度的精确值。

一、数据获取

本书主要从邮轮旅游者和船员消费、邮轮企业运营和管理费用四部分来考虑邮轮经济增长的动力来源。

（一）邮轮旅游者和船员消费

2019 年，上海市的邮轮旅客吞吐量为 1893446 人次，其中母港邮轮旅客吞吐量为 1810786 人次，访问港邮轮旅客吞吐量为 82660 人次（中国交通运输协会邮轮游艇分会等，2019）。根据中国旅游研究院于 2019 年对上海吴淞口国际邮轮港的抽样调查，出入境邮轮旅客和船员的比例大约为 1.959∶1，可以大致推算出 2019 年上海市的邮轮船员吞吐量为 966677 人次。

考虑到出入境在始发和到达时的重复计算，将上述数据除以 2 可得 2019 年上海邮轮旅游者和邮轮船员接待人数，母港邮轮旅游者为 905393 人次，访问港邮轮旅游者为 41330 人次，邮轮船员为 483339 人次。

为了将母港旅游者进一步细分为过夜和不过夜两类，我们需要分析邮轮旅游客源结构。以中国旅游研究院对上海吴淞口国际邮轮港的调查为例，来自上海的旅游者占了 61%，来自江苏和浙江的旅游者占了 22%，来自其他地区的旅游者占了 17%。由于缺乏外地旅游者行为特征的详细调查，我们假设所有来自上海的旅游者都是不过夜旅游者，所有来自外地的旅游者都是过夜旅游者，2019 年上海接待邮轮旅游者和邮轮船员的构成如图 1–5 所示。

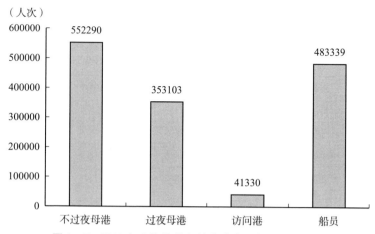

图 1 - 5　2019 年上海接待邮轮旅游者和邮轮船员人数

资料来源：作者依据邮轮旅游者抽样调查计算得出。

2019 年上海总计接待邮轮旅游者约 94.67 万人次，其中不过夜母港旅游者人数最多，约为 55.23 万人次，过夜母港旅游者居其次，约为 35.31 万人次，访问港旅游者最少，约为 4.13 万人次。另外，上海还接待了约 48.33 万人次的邮轮船员。

由于缺乏邮轮旅游者和邮轮船员在上海消费的详细资料，本书参考了文化和旅游部出版的《旅游抽样调查资料 2020》（文化和旅游部，2020）。由于母港旅游者中的中国人占据了绝大部分，因此采用了国内旅游抽样调查数据，用城镇居民过夜散客每次消费构成来反映过夜母港旅游者的消费，用城镇居民一日游散客每次消费构成来反映不过夜母港旅游者的消费。访问港旅游者和船员中外国人占据了相当大的比重，因此采用了入境游客抽样调查数据，用入境一日游外国人散客的人均消费来反映访问港旅游者和邮轮船员的消费。表 1 - 16 为 2019 年上海邮轮旅游者和邮轮船员消费估算。

表 1－16　　　2019 年上海邮轮旅游者和邮轮船员消费估算

指标	类别	交通费	住宿费	餐饮费	购物费	景区游览费	其他	总消费
人均消费（元）	过夜母港	673.0	363.4	421.6	259.3	95.6	70.5	1883.4
	不过夜母港	147.1	0	179.7	155.3	32.1	65.8	580.0
	访问港	19.8	0	175.5	389.2	18.4	79.9	682.8
	邮轮船员	19.8	0	175.5	389.2	18.4	79.9	682.8
消费总额（万元）	过夜母港	23764	12832	14887	9156	3376	2489	66503
	不过夜母港	8124	—	9925	8577	1773	3634	32033
	访问港	82	—	725	1609	76	330	2822
	邮轮船员	957	—	8483	18812	889	3862	33002
	合计	32927	12832	34019	38153	6114	10316	134361

资料来源：文化和旅游部. 旅游抽样调查资料 2020［R］. 北京：中国旅游出版社，2020.

从表 1－16 可以看出，2019 年邮轮旅游者和邮轮船员共在上海消费约 13.44 亿元，其中过夜母港旅游者消费了约 6.65 亿元，占旅游者和船员消费总额的 49.5%。不过夜母港旅游者虽然总人数最多，但只贡献了约 3.20 亿元的旅游者消费，占旅游者和船员消费总额的 23.8%。访问港旅游者由于总人数较少，其消费额仅占旅游者和船员消费总额的 2.1%。另外，邮轮船员在上海消费了约 3.30 亿元，是邮轮旅游消费的重要组成部分。

（二）邮轮企业运营和管理费用

除了邮轮旅游者和邮轮船员消费以外，邮轮企业的运营和管理费用也是重要的邮轮经济贡献来源。但是现在缺乏针对上海邮轮企业支出的专项调查，本书参考了邮轮市场观察（Cruise Market Watch）每年度公布的邮轮旅游平均船上消费和企业支出。如表 1－17 所示，2024 年全世界平均一名邮轮旅游者能给邮轮企业带来 2202 美元的收入，邮轮企业因此产生 1862 美元支出，并得到 340 美元的税前利润。

表 1-17　　　2024 年一次典型邮轮旅游的船上消费和企业支出

收入			支出		
项目	金额（美元）	比重（%）	项目	金额（美元）	比重（%）
邮轮船票	1522	69.12	其他运营费用	316	14.35
船上消费	680	30.88	代理佣金	293	13.31
博彩和酒吧	374	16.98	公司运营费用	267	12.13
岸上旅游	136	6.18	工薪支出	242	10.99
温泉水疗	68	3.09	资产折旧	233	10.58
其他船上消费	102	4.63	船上服务和其他	226	10.26
			船用燃料	168	7.63
			食品支出	117	5.31
总收入	2202	100	总支出	1862	84.56
			税前利润	340	15.44

资料来源：典型邮轮的财务细目，https://cruisemarketwatch.com/financial-breakdown-of-typical-cruiser/。

在邮轮企业的支出构成中，船用燃料、食品主要来源于进口或国外港口补给，因此在本书中不计为在上海的支出。2019 年主要跨国邮轮企业上海办事处的规模与国外集团总部相比都较小，因此公司的运营费用、工薪支出也暂不计入在上海的支出。船上服务由于在上海境外发生，也不计为在上海的支出。

代理佣金指邮轮企业支付给组团旅行社的费用，虽然在上海旅行社包船的模式比较普遍，但该部分费用仍可看作旅行社提供组团、中介等服务后获得的收入，因此可计入在上海的支出。

其他运营费用、运输及其他费用主要包括港口收费、轮船保养和维修、岸上旅游、市内交通等费用，大部分服务都在上海境内发生，因此可以计入邮轮企业在上海的支出。

图 1-6 显示了 2019 年邮轮企业为了接待 94.67 万名邮轮旅游者，在

上海支出的运营和管理费用估算值。可以估算出邮轮企业共在上海支出了34.54亿元的管理和运营费用。其中，包括港口收费、轮船保养维修、岸上旅游等在内的"其他运营费用"支出为16.26亿元，旅行社获得的佣金收入为14.56亿元，由邮轮企业提供的市内交通等费用为3.72亿元。

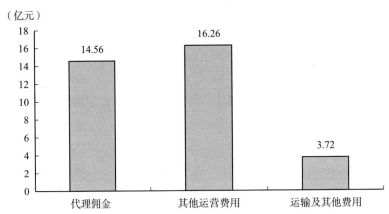

（亿元）

图1-6　2019年邮轮企业在上海支出运营和管理费用估算

资料来源：作者计算得出。

二、行业分配和市外流入扣减

上述消费估算值都是按照具体的消费项目分类的，为了计算这些消费支出对于上海经济的直接贡献和总和贡献，需要依据《国民经济行业分类标准》的定义将消费项目归类到各具体产业。《上海2017年投入产出表》使用了42部门的行业分类，本书也沿用该分类。

表1-18显示了2019年上海邮轮产业在上海市内的消费额，根据上述分析，邮轮旅游者、邮轮船员和邮轮企业在上海市内总计消费479849万元，主要集中在批发和零售业、交通运输及仓储业、住宿和餐饮业、租赁和商务服务业、文化体育和娱乐业五大行业。邮轮企业除"代理佣金"以外的其他支出划归"交通运输、仓储和邮政"业，"代

理佣金"划归旅行社业所在的"租赁和商务服务业"。邮轮旅游者和船员的各项消费则依据消费特征划归交通运输业、零售业、住宿业、餐饮业、文化体育和娱乐业等行业。

表 1 – 18　　　　2019 年上海邮轮产业消费额及拉动直接产出

部门	市内消费 （万元）	市内产出率	市内产出 （万元）
批发和零售	38153	0.794103	30298
交通运输、仓储和邮政	232775	0.571808	133102
住宿和餐饮	46851	0.519015	24316
租赁和商务服务	145641	0.859943	125243
文化、体育和娱乐	16429	0.494156	8119
总计	479849	—	321078

资料来源：依据国家统计局国民经济核算司《中国地区投入产出表 2017》中的《上海 2017 年投入产出表》计算得出。

应当注意到，邮轮企业和旅游者等在上海消费的商品和服务并非完全由市内产出，必然有一定部分是由外省份甚至外国流入的，根据投入产出表可以估算出各产业的平均市内产出率，计算公式为：

$$市内产出率 = \frac{市内产出}{中间使用 + 最终使用} \tag{1.2}$$

经过进一步计算可得知，2019 年邮轮产业在上海的消费额中，来源于上海市内产出的有 321078 万元，这构成了邮轮对上海的直接经济贡献。

三、试算直接经济贡献

上文计算出邮轮旅游拉动上海五大行业的直接产出值。运用投入产出表的增加值系数、劳动者报酬系数、生产税净额系数、固定资产折旧系数、营业盈余系数等指标，能够计算出邮轮旅游给上述五大行业带来的增加值，可进一步将增加值细分为劳动者报酬、生产税净额、固定资产折旧、营业盈余四大部分。

表1-19为2019年上海邮轮产业增加值及构成。增加值能够反映产业规模的大小，2019年上海邮轮产业的产业规模为81475万元，邮轮产业的劳动者共获得了48605万元报酬，邮轮产业上缴了12298万元税收，邮轮产业的企业利润为9313万元。

表1-19　　　　　2019年上海邮轮产业增加值及构成　　　　单位：万元

部门	直接产出	劳动者报酬	生产税净额	固定资产折旧	营业盈余	增加值
批发和零售业	30298	5290	4744	653	4344	15031
交通运输及仓储业	133102	14998	1858	6018	3662	26537
住宿和餐饮业	24316	4309	878	804	633	6624
租赁和商务服务业	125243	20842	4384	2928	895	29049
文化、体育和娱乐业	8119	3166	434	855	-221	4233
总计	321078	48605	12298	11259	9313	81475

资料来源：依据《中国地区投入产出表2017》中的《上海2017年投入产出表》计算得出。

四、试算总和经济贡献

邮轮产业拉动上海的321078万元直接产出，又会拉动为其提供中间投入的产业的产出增加，经过多轮乘数效应作用，最终带来上海各行业总和产出的增加。

表1-20显示了2019年在邮轮旅游的拉动下，上海各行业的总和产出，以及各行业因此而引致的增加值增长，并可将各行业所增长的增加值进一步细分为劳动者报酬、生产税净额、固定资产折旧、营业盈余

表 1-20　2019 年上海邮轮总和经济贡献

代码	部门	总和产出（万元）	市内产出比率	市内产出（万元）	劳动者报酬（万元）	生产税净额（万元）	固定资产折旧（万元）	营业盈余（万元）	增加值（万元）	就业人数（人）
01	农林牧渔产品和服务	2604	0.214	557	171	1	13	34	219	86
02	煤炭采选产品	9623	0	0	0	0	0	0	0	0
03	石油和天然气开采产品	47641	0.007	356	65	49	4	11	129	4
04	金属矿采选产品	1581	0	0	0	0	0	0	0	0
05	非金属矿和其他矿采选产品	460	0	0	0	0	0	0	0	0
06	食品和烟草	8729	0.452	3943	252	1319	58	470	2099	68
07	纺织品	3410	0.267	910	75	13	14	49	151	5
08	纺织服装鞋帽皮革羽绒及其制品	2783	0.278	774	76	13	8	8	105	3
09	木材加工品和家具	748	0.444	332	36	8	5	19	68	2
10	造纸印刷和文教体育用品	13405	0.438	5871	417	200	183	231	1031	34
11	石油、炼焦产品和核燃料加工品	82687	0.273	22582	754	4835	518	1568	7675	250
12	化学产品	27509	0.530	14584	1214	709	484	1503	3910	127
13	非金属矿物制品	2371	0.193	458	40	13	12	22	88	3
14	金属冶炼和压延加工品	13434	0.343	4614	109	125	123	223	580	19
15	金属制品	4562	0.488	2227	212	46	47	135	439	14

续表

代码	部门	总和产出（万元）	市内产出率	市内产出（万元）	劳动者报酬（万元）	生产税净额（万元）	固定资产折旧（万元）	营业盈余（万元）	增加值（万元）	就业人数（人）
16	通用设备	8842	0.566	5005	446	167	94	354	1062	35
17	专用设备	2451	0.487	1194	108	40	19	101	268	9
18	交通运输设备	14317	0.664	9504	883	258	502	449	2093	68
19	电气机械和器材	6959	0.490	3412	309	130	62	235	736	24
20	通信设备、计算机和其他电子设备	15484	0.443	6858	499	117	94	154	864	28
21	仪器仪表	4642	0.244	1135	109	34	9	99	252	8
22	其他制造产品和废品废料	11738	0.153	1791	284	43	81	168	576	19
23	金属制品、机械和设备修理服务	73919	0.135	9959	2824	620	266	57	3767	123
24	电力、热力的生产和供应	23861	0.770	18372	857	877	2806	581	5122	167
25	燃气生产和供应	2863	0.989	2830	83	75	56	136	350	11
26	水的生产和供应	2482	0.357	887	105	46	80	64	295	10
27	建筑	2129	0.890	1895	145	64	14	57	280	9
28	批发和零售	49978	0.794	39687	6930	6214	856	5691	19690	709
29	交通运输、仓储和邮政	293926	0.572	168069	18939	2347	7599	4624	33508	1207
30	住宿和餐饮	28347	0.519	14713	2607	531	487	383	4008	144

续表

代码	部门	总和产出（万元）	市内产出出率	市内产出（万元）	劳动者报酬（万元）	生产税净额（万元）	固定资产折旧（万元）	营业盈余（万元）	增加值（万元）	就业人数（人）
31	信息传输、软件和信息技术服务	5959	0.660	3930	871	197	265	467	1800	65
32	金融	39244	0.831	32619	6340	1955	503	10966	19763	712
33	房地产	22178	0.466	10341	1289	1294	1592	1913	6089	219
34	租赁和商务服务	219201	0.860	188500	31369	6598	4407	1347	43722	1575
35	研究和试验发展	1	0.580	0	0	0	0	0	0	0
36	综合技术服务	1836	0.903	1658	372	60	125	89	647	23
37	水利、环境和公共设施管理	168	0.321	54	15	2	6	−1	22	1
38	居民服务、修理和其他服务	12446	0.556	6917	2001	211	200	131	2543	92
39	教育	1178	0.761	897	481	41	56	55	634	23
40	卫生和社会工作	5	0.610	3	1	0	0	0	1	0
41	文化、体育和娱乐	9020	0.494	4457	1738	238	469	−122	2324	84
42	公共管理、社会保障和社会组织	4614	1.000	4614	2212	−2	143	−194	2158	78
	总计	1079334	—	596511	85236	29489	22259	32081	169065	6059

资料来源：依据《中国地区投入产出表2017》中的《上海2017年投入产出表》《上海统计年鉴2020》经投入产出模型计算得出。

四个部分。根据结果可以看出，2019 年邮轮旅游给上海市内带来了 596511 万元的总和产出，最终拉动上海的 GDP 增长 169065 万元，其中，给上海劳动者带来了 85236 万元的总和收入，给上海各级政府创造了 29489 万元的税收，给上海各有关企业创造了 32081 万元的利润，可以算出上海邮轮产业的乘数值为 $\frac{596511}{321078} = 1.86$。通过查询《上海统计年鉴 2020》中各产业的劳动生产率数据，还可算出邮轮产业给上海总和创造了 6059 个就业岗位。

五、小结

本书构建了上海邮轮经济贡献度的评价方法和指标体系，并试算了上海邮轮经济贡献度的具体数值，由于基础资料和调查数据有限，所以难以精确反映上海邮轮经济贡献度的全貌。但从现有的分析结论来看，邮轮经济对于上海经济发展的影响是深刻的，能够成为城市经济的重要支柱性产业。随着邮轮旅游人数的快速扩张、过夜母港旅游者比重的不断加大、邮轮船供产业的全面完善、邮轮总部经济的逐步形成，邮轮经济也将随之迅速扩张，在上海经济发展中发挥更为重要的作用。

第二章

城市邮轮旅游度假区建设

依托邮轮港口建立高等级旅游度假区，有利于促进城市空间均衡增长、形成城市新兴增长极、完善城市旅游功能、提升水岸休闲游憩空间、健全城市旅游产品，在迈阿密、檀香山、阿姆斯特丹等国外著名旅游城市取得了良好成效。

近年来，上海提出了依托邮轮母港建设上海国际邮轮旅游度假区的目标，本章将在研究旅游度假区发展理论和世界级旅游度假区发展路径的基础上，分析上海国际邮轮旅游度假区发展的外部环境和基础条件，最终提出上海国际邮轮旅游度假区的建设任务。

第一节　旅游度假区发展理论研究

本节针对国内外前沿学术文献进行系统综述，从理论视角研究旅游度假区发展的市场结构、产品特征、模式类型、演化规律，为上海建设以"邮轮、游船、游艇"为主题的世界级旅游度假区提供理论支撑。

一、旅游度假区的空间形态

学术界普遍认为旅游度假区是与周边区域紧密结合的，只有从大区域的视角统一规划、共同发展，才能够增强旅游度假区的可进入性、吸引力和接待能力，完善旅游度假设施和旅游产品体系，增强旅游度假区的可持续发展能力，最大化旅游度假区发展带来的经济、社会和生态效益，最终建成世界级旅游度假区。从国内外发展实践来看，旅游度假区大多数也不像封闭式景区一样有物理空间边界，很多旅游度假区甚至包含了乡、镇、村等行政区，也必然要求旅游度假区与区域目的地整合发展。

（一）旅游度假区综合发展理论

世界旅游组织于 1992 年出版了研究报告《旅游度假区的一种综合发展方式》，指出了旅游度假区的综合发展能够有效地避免未规划旅游目的地伴随的环境、经济和社会等问题，给旅游度假区所在区域的经济和社会发展带来诸多收益，并提出了旅游度假区发展的 12 条建议（World Tourism Organization，1992）：

（1）充足的基础设施对于旅游度假区至关重要，能够保持环境质量和提供优质旅游服务；

（2）应用土地使用、开发和设计规范标准有助于提升旅游度假区的特征和品质；

（3）旅游度假区需要在内部和周边区域提供多样化的旅游设施、旅游吸引物和旅游服务，以提升游客满意度，并让旅游客源市场多元化；

（4）高品质的旅游产品和服务从建设之初就至关重要，并需要通过持续的良好管理和标准规范来保持；

（5）旅游度假区后期发展的规划需要保持弹性，以便应对变化的市场条件，规划的调整需要尊重旅游度假区的客观现状；

（6）旅游度假区发展需要考虑雇员培训问题，并为雇员及家庭成员提供住房和社区服务；

（7）旅游度假区需要在区域的背景中进行规划，最好是国家或区域规划先行。区域性基础设施等发展往往是旅游度假区项目的组成部分；

（8）旅游度假区和周边区域的可进入性对于吸引目标客源市场至关重要。对旅游度假区的周边地区，甚至是整个区域进行规划，有助于引导未来的发展方向；

（9）旅游度假区的发展需要特殊的组织结构，具备有效的领导和称职的技术员工。在旅游度假区的发展过程中，需要高层次的协调机构来处理不同部门之间的关系，以及公共和私营部门之间的关系。这种组织结构在国内或区域内其他旅游度假区的发展过程中也能使用；

（10）旅游度假区和区域基础设施（包括大型的住宿设施和休闲度假设施）发展需要大量的资金，需要采用多种金融手段以便弥补基础设施投资；

（11）在旅游度假区发展的过程中，政府或者国有企业可以先行建设引导性项目以便鼓励私人投资；

（12）市场营销对于旅游度假区吸引投资者和旅游者至关重要。

（二）旅游度假区目的地理论

普里多（Prideaux，2009）提出了旅游度假区目的地的发展演变模型，并指出了只有在区域视角下才能有效地解决旅游度假区所面临的各种危机。例如，美国学者米尔（Mill，2012）指出，海滨旅游度假区不仅包括海滩，而是包括了海洋、海岸、海滩、后滩、海岸延伸、周边乡村六大元素。在海滨度假的旅游者除了需求海洋度假产品以外，还对城镇、乡村、生态等度假产品产生需求。因此，旅游者度假需求的多元化引致了旅游度假产品的多元化。海滨旅游度假区不能仅包括海滩，而是必须以综合旅游目的地的方式来发展。

二、旅游度假区的度假产品

新时代的旅游度假需求和旅游休闲行为出现了很多新趋势、新特征。在传统大型主题公园、度假酒店、邮轮等"福特主义"旅游度假项目的基础上，更加重视个性化、定制化、生态化的"后福特主义"旅游度假项目也在同步发展。在中国，"福特主义"和"后福特主义"两股潮流更是交织重合在一起，驱动着旅游度假区的发展。旅游度假区的度假产品体系也在不断的发展演变进程中。

度假旅游者的旅游重游率更高、旅游停留时间更长。很多度假旅游者还采取了分时度假、公寓式酒店、第二居所等产权居住方式，他们与普通旅游者相比，已经具备了短期居民的特征，旅游需求和旅游行为也具有了显著的差异。他们更加重视面向本地居民的生活服务，而不是面向旅游者的旅游服务，传统旅游服务中较少涉及的医疗、养老、教育、文化等公共服务也成为了他们关注的重点。他们在旅游度假区的停留时间可能长达数月之久，候鸟旅居、避暑旅游、避寒旅游等成为了新的旅游度假形式。在建设世界级旅游度假区的过程中，我国的国家级旅游度假区必然进一步向"综合型旅游度假区"演进。

（一）旅游度假新需求理论

度假旅游的需求侧变化深刻地影响着旅游度假的发展，米尔（Mill，2012）简要总结了近年来度假旅游者的新需求特征。

1. 旅游度假市场多元化

旅游度假区内部的餐饮住宿、观光游览、休闲游憩、文化娱乐、度假旅居等旅游产品融合发展，推动了能同时满足观光旅游者、度假旅游者、乡村旅游者、生态旅游者、康养旅居者等多元需求的综合型旅游度假区出现。在城镇地区，酒店、休闲娱乐、体育活动、购物、会议中心、大型旅游吸引物等项目被整合进综合型旅游度假综合体。在乡村地区，酒店、室内外娱乐设施、度假设施和各类度假旅馆被综合开发。

2. 旅游者度假时间多样化

由于工作压力加大、休闲时间减少，法定节假日、较长周末也逐渐成为了居民的重要度假时间。度假时间出现了多样化、碎片化的趋势。与传统主要利用较长的带薪年休假时间来度假相比，度假旅游出现类型多样、平均距离缩短、频率增加等趋势。

3. 家庭跨代组团度假成为趋势

无论跨代家庭是否共同生活，共同度假都成为了家庭聚会交流的重要方式。这要求旅游度假区策划丰富的社会交往活动，以满足不同年龄段旅游者需求，以符合老年友好和无障碍环境设计要求。

4. 综合型旅游度假目的地快速发展

整合核心度假产品群和旅游目的地的综合型旅游度假区成为未来的重要发展趋势。通过会议、购物、游憩、娱乐等旅游度假产品的开发，旅游度假区也能够实现收入来源多元化。

5. 度假娱乐项目规模快速扩大

水上乐园、人造海滩、室内滑雪场、主题公园、邮轮等度假娱乐项目的规模变得越来越大，并呈现出服务精细化、功能现代化、产品多元化等趋势。

6. 人造度假设施比重上升

自然资源和人造设施共同构成旅游度假区的度假资源，并在此基础上形成互补性度假产品。自然度假资源是旅游度假区产生和发展的基础。但是，由于室外自然资源存在天气、季节等制约因素，旅游度假区内人造度假设施的比重在不断上升，很多自然资源也都有了"人造版本"。例如高尔夫模拟器、人造攀岩墙、人工溜冰场、人工造浪池等。大规模、成体系、现代化、全年候的人造度假设施开始成为旅游度假区的核心产品。

（二）旅游度假区活动策划理论

美国学者米尔（Mill，2012）提出了旅游度假区活动策划理论。他指出旅游度假区的活动策划人员，需要基于旅游者的不同生命历程阶段来分析旅游度假活动需求，并采取宣传教育、竞争比赛、社会旅行、偶然来访、特殊事件、展览展示等方式，来提供体育运动、健康养生、水上娱乐、志愿服务、舞蹈、戏剧、音乐、艺术品、环保活动、探险教育、极限运动、旅游旅行、业余爱好、阅读、教育等多种休闲娱乐活动。

（三）综合型旅游度假区理论

近年来，学者们发现传统旅游度假区出现了新的趋势，在原有核心度假产品的基础上，度假产品体系不断发展完善并逐渐形成体系，最终形成具有较为健全度假产品体系、自我包容性强的旅游目的地。

以拉斯维加斯为例，其发展轨迹可以概括为"核心度假产品"→"核心度假产品＋辅助度假产品"→"目的地＋核心度假产品群"这三大阶段：

第一阶段（1931～1960 年），拉斯维加斯因为赌博合法化而发展博彩业，主要吸引本地旅游者，但是由于本地市场规模较小导致增长乏力，拉斯维加斯需要建成旅游目的地，以扩大市场规模。

第二阶段（1961～2000 年），由于美国部分州的赌博合法化，拉斯维加斯失去了垄断优势，只能围绕着赌场推出了包含餐饮和住宿等度假产品的综合型度假酒店来吸引旅游者。

第三阶段（2001 年至现在），拉斯维加斯进一步发展了主题度假、零售、餐饮、娱乐等度假产品，整合了周边旅游区域，逐步摆脱了对博彩业的依赖，建成了综合型旅游度假区。

针对这种旅游度假区的发展规律，学者们提出了"综合型旅游度假区"的概念，指包括酒店、餐馆、会议中心、主题公园、购物中心等多种度假产品的旅游度假区。传统依托单个核心度假产品的旅游度假区通过建设"综合型旅游度假区"，能够熨平季节波动、拓展客源市场、增强旅游吸引力、形成产业经济。

传统的滑雪、海滨等旅游度假区，在发展壮大到一定规模后，大多都面临着季节性波动明显、客源市场增长乏力、市场竞争压力增大等问题。通过建设"综合型旅游度假区"，形成新的核心度假产品，建设成为全年旅游目的地，已经成为传统旅游度假区发展的重要趋势。

三、旅游度假区的发展演进研究

普里多（Prideaux，2009）提出了"旅游度假区发展谱系"理论，以澳大利亚黄金海岸度假区等发展为案例，总结了旅游度假区在本地旅游、区域旅游、国内旅游、国际旅游的梯次演进过程中的发展规律。

世界级旅游度假区在旅游吸引物、住宿、交通等方面都有显著的阶段性特征，中国可以充分比照借鉴。世界级旅游度假区并非只面向国际旅游市场，而是同时面向本地、区域、国内和国际等多元化旅游市场。远程旅游市场也并非一定比近程旅游市场高端，所有旅游市场都存在着不同层次的消费人群。世界级旅游度假区实际上是在服务全球市场。

（一）市场范围发展演进理论

旅游度假区从市场范围来看，可以分为本地旅游度假区、区域旅游度假区、国家旅游度假区、世界旅游度假区四大类，分别对应本地旅游市场、区域旅游市场、国内旅游市场、国际旅游市场。

针对一个具体的旅游度假区，如果通过对接旅游市场需求、挖掘主要度假资源、形成核心竞争力，能够不断扩大旅游市场范围，实现从本地旅游度假区向世界旅游度假区的发展演进。但是，这并不意味着所有旅游度假区都能够建成世界旅游度假区，最终只有少数具备综合性优势和发展条件的旅游度假区能够成功占领国际旅游市场。图2-1为旅游度假区市场范围发展演进时序。

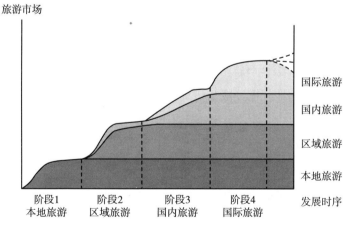

图2-1　旅游度假区市场范围发展演进时序

旅游度假区在发展演进的过程中，不断占领新的市场、扩大市场范围，但是并不意味着旧的市场被完全替代。旅游度假区在不断扩大市场范围的同时也在继续为周边市场服务。因此，旅游度假区的发展演进表现为旅游市场的扩大和重叠。世界旅游度假区可同时为本地、区域、国内、国际旅游市场服务，各市场之间呈现出不同的需求特征和增长规律。

另外，也不能认为远程旅游市场就比近程旅游市场更为高端。具体到每一个旅游市场，都会产生不同层次的旅游需求，进而消费不同档次的旅游产品。

（二）度假产品设施演进理论

在本地旅游度假区向世界旅游度假区发展演进的过程中，旅游度假区的客源市场、旅游吸引物、住宿设施、购物设施、交通设施、市场营销和扶持政策等产品、设施和服务也会呈现出梯次演进的特征。

在建设成为世界旅游度假区后，仍然需要持续创新发展、服务细分市场、拓展旅游空间、打造核心优势，这样才能在全球旅游度假胜地的激烈竞争中保持优势，可将这一阶段称为"后世界旅游度假区"发展阶段。

在表 2-1 中列出了五个层次旅游度假区各类产品设施的标志性特征。可以看出，在旅游度假区升级演进的过程中，各类度假产品和旅游设施也会呈现出显著的阶段性特征，可供我们在建设世界级旅游度假区的过程中参考借鉴。

表2—1   旅游度假区发展演进特征

主要特征	阶段1 本地旅游度假区	阶段2 区域旅游度假区	阶段3 国家旅游度假区	阶段4 世界旅游度假区	阶段5 后世界旅游度假区
客源市场	周边城镇的本地居民	(1) 阶段1旅游者； (2) 省内或区域内旅游者； (3) 有限的省外旅游者	(1) 阶段2旅游者； (2) 来自全国各地的远程旅游者； (3) 省会城市变为主要客源市场	(1) 阶段3旅游者； (2) 国际旅游者	(1) 阶段4旅游者； (2) 细分市场旅游者
旅游吸引物	仅限于海滩和周边景点	(1) 开始建造小规模人造旅游吸引物； (2) 可能建设野生动物园； (3) 开始规划大型主题公园类旅游吸引物	建设大型主题公园等吸引物，鼓励旅游者参与互动	关注焦点从海滩转向非海滩活动，例如主题公园和高端购物	在阶段4的基础上，加上后福特主义的细分旅游线路和产品，例如美术馆等
住宿设施	(1) 海滨别墅； (2) 旅居车营地； (3) 非度假酒店； (4) 汽车旅馆； (5) 经济型旅馆	(1) 住宅和公寓项目； (2) 2～3星级汽车旅馆； (3) 旅居车营地； (4) 酒店开发室外设施	(1) 3～4星级酒店； (2) 综合型旅游度假区酒店； (3) 国际知名连锁酒店	(1) 国际知名酒店企业建设度假酒店； (2) 众多包括高尔夫、演艺等场度假资源的五星级酒店	(1) 阶段4住宿设施； (2) 民宿旅馆，生态住宿等住宿细分市场住宿
购物设施	专门的旅游购物行为较少	出现专门的旅游购物行为	建设购物综合体来促进旅游购物服务	开设免税商店，强调国际品牌购物体验	在阶段4的基础上，出现了高端设计师购物店等细分市场购物

续表

主要特征	阶段 1 本地旅游度假区	阶段 2 区域旅游度假区	阶段 3 国家旅游度假区	阶段 4 世界旅游度假区	阶段 5 后世界旅游度假区
交通设施	(1) 有限的交通； (2) 主要交通方式是公路； (3) 可能有部分铁路交通	(1) 公路可进入性显著提升； (2) 逐步建设多样化交通模式； (3) 本地航空公司提供的有限民航服务	(1) 公路可进入性进一步改善； (2) 水运和铁路等其他交通模式显著发展	根据离主要客源市场的距离，民航交通可能能成为最主要的模式	根据离主要客源市场的距离，民航交通可能能成为最主要的模式
市场营销	(1) 周边区域营销； (2) 本地旅游协会等来组织实施； (3) 有限的预算； (4) 有限的营销技能； (5) 强调销售而不是营销	(1) 全省营销； (2) 可能争取到政府资金； (3) 旅游度假区内企业各自营销； (4) 营销技能不断提升	(1) 形成具有专业人员的营销机构； (2) 省级政府、本地政府和本地企业联合营销； (3) 酒店和景区等全国家媒体开展营销行动	(1) 非常专业的营销方式； (2) 能争取到大额政府资金； (3) 企业大规模投放广告； (4) 有先进的营销战略	(1) 非常专业的营销方式； (2) 能争取到大额政府资金； (3) 企业大规模投放广告； (4) 有先进的营销战略
扶持政策	未得到本地政府重视	旅游可能被做列入本地政府政策文件	对于省级政府、本地政府的政策需求进一步增强	旅游度假区发展成为各级政府部门的关注重点	旅游度假区发展成为各级政府部门的关注重点

资料来源：Prideaux, Bruce. Resort Destinations: Evolution, Management and Development ［M］. Oxford: Butterworth-Heinemann, 2009.

75

第二节 世界级旅游度假区概念和发展路径

一、世界级旅游度假区概念界定

世界级旅游度假区，是指具有世界级的核心度假产品集群和旅游服务体系，能够吸引国内外游客前来旅游、度假和旅居，能够满足游客的文化体验、主题娱乐、运动健身、休闲游憩、研学教育、医养康养等旅游度假需求，内部具有紧密产业联系并共享旅游市场的空间区域。

（一）世界一流的旅游吸引力

我国建设世界级旅游度假区，要贯彻旅游业高质量发展理念，防止低水平重复建设。在建设世界级旅游度假区的过程中，首先要重视质的显著提升。

世界级旅游度假区要有世界一流的核心旅游产品集群，进而产生全球范围的旅游吸引力，在高等级旅游项目建设、国家公园体系建设、水利工程的旅游利用、文化和旅游深度融合、旅游产业融合发展、旅游城镇村体系、旅游通道体系等方面达到世界水准。

（二）世界一流的游客满意度

我国建设世界级旅游度假区，要坚持以人民为中心，顺应旅游消费升级趋势，以人民满意为重要标准，实现人民对美好生活的向往。

世界级旅游度假区要有世界一流的旅游服务水平，提供世界一流的旅游消费体系、旅游基础设施和旅游公共服务，让来自全球的旅游者获得世界一流的游客满意度。

（三）世界一流的旅游知名度

我国有全世界最大的国内旅游市场和出境旅游市场，具有巨大的旅游消费潜力，特别是在"以国内大循环为主体、国内国际双循环相互促进"的新发展格局下，国内旅游者必然占据旅游度假区客源的主体。因此，我国与马尔代夫、新加坡、希腊等国土面积较小、总人口较少的旅游目的地国有着显著区别，不能简单采用入境旅游者比重来评判世界级旅游度假区。

我国建设富有文化底蕴的世界级旅游度假区，最终目标是提升国家文化软实力。因此，首先要强调世界级旅游度假区在全球的知名度、美誉度和传播力。通过旅游营销和对外文化交流，让世界级旅游度假区成为中外文化和旅游交流的重要载体。

（四）世界一流的旅游产业经济

我国建设世界级旅游度假区，还要建成具有现代旅游产业经济的旅游度假目的地，具有世界一流的旅游市场主体，具有较强的内生创新发展能力，具有世界一流的营商环境，具有旅游可持续发展能力，才能够在全世界激烈的旅游度假目的地竞争中长期处于不败之地。

二、世界级旅游度假区共性特征

在旅游度假区的发展历史和理论研究基础上，充分考虑我国居民休闲度假行为特征和发展趋势，借鉴国外知名旅游度假区的成功经验，总结出世界级旅游度假区发展的五条共性特征。

（一）多元化旅游市场融合发展

世界级旅游度假区并非只面向入境旅游者，也绝不是只服务于高端旅游者。世界级旅游度假区同时服务于本地、区域、国内和国际旅游市场，也同时面向不同消费层次的旅游人群。世界级旅游度假区实际上是在服务全球旅游市场。

不同客源市场具有不同的出游规律和消费特征。正是由于多元化旅游市场的叠加，在较大程度上熨平了旅游流的季节性波动，增强了旅游度假区抗御风险的能力。同时为多元化旅游市场提供多元化产品，也有利于综合型旅游度假区的建设和发展。

（二）文化和旅游产业融合发展

旅游度假区在发展过程中度假产品体系不断配套化、舒适化、标准化，基础设施和公共服务体系也不断健全。但是，这些由跨国旅游企业投资的度假项目往往只能体现全球流行时尚文化，而不能深入挖掘本土文化内涵。最终，各地旅游度假区雷同较强，难以吸引远程旅游者。

世界级旅游度假区处于激烈的全球度假目的地竞争之中，只有深入挖掘历史文化内涵，并开发形成文化度假产品，营造浓郁文化氛围，才能在全球度假目的地竞争中脱颖而出，吸引远程旅游者来度假。

（三）度假区和周边区域融合发展

绝大多数世界级旅游度假区不像封闭式景区一样有物理空间边界，很多世界级旅游度假区包含了旅游城市、旅游小镇、旅游村落等行政区，以及国家公园、世界文化遗产等旅游景区。

世界级旅游度假区的发展趋势是与目的地融合发展。只有从大区域的视角统一规划、共同发展，才能够增强旅游度假区的可进入性、吸引力和接待能力，进一步完善旅游度假设施和产品体系，增强旅游度假区的可持续发展能力，最大化旅游度假区发展带来的经济、社会和生态效益，最终建成世界级旅游度假区。

（四）综合型旅游度假区成为趋势

传统旅游度假区在原有单个核心度假产品的基础上，核心度假产品体系不断多元化并逐渐形成核心度假产品群，进而与目的地紧密融合在一起，最终形成度假产品体系健全、旅游吸引力强、自我包容性强、满足多元市场需求、抵御市场波动能力强、旅游产业深度融合的世界级旅游度假区。

世界级旅游度假区的发展呈现出"核心度假产品"→"核心度假产品+辅助度假产品"→"目的地+核心度假产品群"的发展规律。因此，包含酒店、餐馆、会议中心、主题公园、购物中心等多种度假产品，并且与目的地深度融合发展，是世界级旅游度假区的发展趋势。

（五）世界一流的游客满意度

世界级旅游度假区除了具有成体系的核心度假产品群，具有健全的旅游目的地，还应具有较高的游客满意度。世界级旅游度假区需要建立以人为本的服务理念，各项服务品质能够达到国际水准，游客能够感受到温馨和善的好客氛围，老年人、残疾人和青少年能够安全进入旅游度假。

世界级旅游度假区同时面向本地、区域、国内和入境等多个旅游市场，同时服务于本地居民、旅游者和旅居者等多个旅游群体，同时具有度假酒店和产权居所等多类旅游住宿设施。因此，世界级旅游度假区与以酒店为主要住宿设施的旅游景区不同，它具有复杂旅游度假社区的特征，需要建立本地居民、旅游者和旅居者的利益协调机制，创新旅游度假社区的共建共管共享模式，满足本地居民休闲需求、旅居者生活需求和旅游者度假需求，才能整体提升游客满意度。

三、世界级旅游度假区发展路径

综合上述，世界级旅游度假区的共性特征，可以总结出世界级旅游度假区的发展路径，明确上海在建设世界级旅游度假区过程中的工作重点。

（一）近程和远程市场重合形成全年旅游大市场

通过同时满足本地、区域、国内和入境旅游者的多元化需求，构建近程和远程重合的旅游市场，能够有效扩大市场规模、熨平季节性波动，形成全年候旅游大市场。

（二）文化和旅游资源融合形成核心吸引力

通过充分挖掘本土文化和民俗风情，开发形成富有文化底蕴的旅游要素、旅游产品，能够在旅游度假区形成浓郁本土文化氛围，进而在全球旅游目的地激烈竞争中形成核心竞争力。

（三）度假区和区域融合形成旅游度假目的地

通过旅游度假区与目的地统一规划、融合发展，能够增强旅游度假区的可进入性、吸引力和接待能力，完善度假设施和产品体系，最终增强旅游度假区的可持续发展能力和综合社会效益。

（四）核心度假产品群融合形成综合型旅游度假区

通过打造核心度假产品群并建设综合型旅游度假区，能够健全度假产品体系、增强度假区自我包容性，进而增加旅游吸引力，满足多元市场旅游需求，扩大旅游产业规模，提升旅游可持续发展能力。

（五）度假酒店和旅居设施融合形成旅游度假社区

通过建设分时度假、公寓式酒店、目的地俱乐部、第二居所等旅居设施，实现度假酒店和旅居设施融合发展，能够体现旅游度假的短期生活特征，满足旅居者的异地生活需求，形成可持续的投资发展模式。

（六）社区共建共享共管提升游客满意度

通过建立本地居民、旅游者和旅居者的利益协调机制，创新旅游度假社区的共建共管共享模式，满足本地居民休闲需求、旅居者生活需求和旅游者度假需求，能够整体提升游客满意度。

（七）发展支持体系整合形成优越营商环境

通过构建包括要素供给、基础设施、公共服务、社区支持、市场营销、旅游安全、优惠政策等发展支持条件的营商环境，能够激发优质旅游企业的发展创新活力，为世界级旅游度假区建设打造核心动力。

第三节　上海国际邮轮旅游度假区外部环境

一、文化和旅游产业创新

"十四五"时期，我国文化和旅游产业将在空间布局、产品业态、文旅融合、智慧旅游等诸多方面呈现创新发展态势。

（一）构建全国旅游空间新格局

"十四五"时期，我国将综合考虑文脉、地脉、水脉、交通干线和国家重大发展战略，统筹生态安全和旅游业发展，以长城、大运河、长征、黄河、长江国家文化公园和丝绸之路旅游带、沿海黄金旅游带、京哈—京港澳高铁沿线、太行山—武陵山、万里茶道等为依托，构建"点状辐射、带状串联、网状协同"的全国旅游空间新格局。

（二）打造城市旅游休闲新空间

"十四五"时期，我国将打造一批文化特色鲜明的国家级旅游休闲城市和街区。以满足本地居民休闲生活与外地游客旅游度假需要为基础，培育文化特色鲜明、旅游休闲消费旺盛、生态环境优美的国家级旅游休闲城市。充分利用城市历史文化街区、公共文化设施、特色商业与餐饮美食等资源，加强文化资源的保护利用，突出地方文化特色，优化交通设施与公共服务配置，完善公共文化的旅游服务功能，鼓励延长各类具有休闲功能的公共设施开放时间，建设国家级旅游休闲街区。

（三）推进文化和旅游深度融合

"十四五"时期，我国将继续坚持以文塑旅、以旅彰文的原则，积极寻找产业链条各环节的对接点，以文化提升旅游的品质，以旅游促进文化的传播，实现文化产业和旅游产业的良性互促发展。推动红色旅游、文化景观、文物活化、非遗传承、数字文旅、夜间旅游等文旅融合重点业态提质升级，不断培育融合新业态。

（四）新技术在旅游业加快普及

"十四五"时期，大数据、云计算、物联网、区块链及5G、北斗系统、虚拟现实、增强现实等新技术将在旅游领域应用普及，以科技创新提升旅游业发展水平。提高旅游服务的便利性，增强旅游产品的体验性。开发面向游客的具备智能推荐、智能决策、智能支付等综合功能的旅游平台和系统工具。推进可穿戴设备、智能终端、无人机、机器人、全息展示等技术的系统应用。推动智能旅游公共服务、旅游市场治理"智慧大脑"、交互式沉浸式旅游演艺等技术研发与应用示范。

（五）游客中心的旅游服务评价

"十四五"时期，我国大力建设旅游服务质量评价体系，实现以游客为中心的旅游服务质量评价，形成科学有效的服务监测机制。通过开发旅游服务质量评价系统、制定完善评价模型和指标、推广和拓展评价体系应用场景，最终建立系统完备、科学规范、运行有效、覆盖服务全流程的旅游服务质量评价体系。

二、文化和旅游城市战略

"十四五"时期，上海市深化世界著名旅游城市建设，宝山区打造产城融合创新发展的创新型城区、国际知名高品质旅游目的地，上海国际邮轮旅游度假区将在上海市和宝山区的发展战略中发挥重要支撑作用。

（一）上海深化世界著名旅游城市建设

上海深入推进高品质世界著名旅游城市建设，基本形成具有全球吸引力旅游产品体系、全球竞争力旅游产业体系、全球配置力旅游市场体系的高品质世界著名旅游城市新格局。

宝山区建设上海国际邮轮旅游度假区对上海深化世界著名旅游城市建设发挥重要支撑作用。

1. 建设都市旅游首选城市

上海将以高质量供给适应、引领、创造新需求，突出历史文化风貌区、历史建筑、公园绿地、景观河流，深入挖掘城市旅游资源和文化内涵，优化城旅一体的景观体系、美好生活的体验空间、旅文商体融合发展的产品体系、主客共享的旅游休闲服务，打造具有国际吸引力的"必游""必看""必购"旅游消费场景和全球魅力的城市旅游景观体系。

依托上海国际邮轮旅游度假区建设，将会形成以"三游假日"为特色的旅游消费场景和以"三江汇流"为特色的城市旅游景观体系，成为上海世界著名旅游城市的首选目的地。

2. 建设国际旅游开放枢纽

上海依托虹桥交通枢纽、浦东国际机场和吴淞口国际邮轮港，加快建设国际旅游重要门户、国内旅游集散枢纽和具有全球竞争力的邮轮母港。培育具有全球影响力的国际旅游展会和节庆活动品牌，打造彰显中华文化、上海特色的文化交流展示平台，努力成为国际旅游交流交往的"国家窗口"。

依托上海国际邮轮旅游度假区建设，将会形成具有全球竞争力的邮轮母港，发挥国际旅游重要门户、国内旅游集散枢纽等重要功能，成为中国对外文化和旅游交流的重要窗口。

3. 建设亚太旅游投资门户

上海搭建旅游产业博览会等旅游投资平台和旅游资源要素交易平台，建立国际化、全周期旅游投资服务体系，集聚投资型、创意策划型、平台型等旅游企业总部，形成高水平开放的旅游投资首选地、集聚地和面向亚太地区的旅游投资交易中心。

依托上海国际邮轮旅游度假区建设，将会集聚邮轮产业链条相关企业，形成邮轮产业总部经济，成为亚太地区的邮轮产业投资交易中心。

4. 建设国际数字旅游之都

上海建设具有世界影响力的国际数字之都，旅游数字化实现整体性转变、全方位赋能、革命性重塑，数字旅游基础设施国际一流，数字旅游经济全国领先，数字旅游国际枢纽全球链接功能完善，世界级数字旅游产业集群完备，成为具有全球竞争力的数字旅游经济创新高地。

依托上海国际邮轮旅游度假区建设，采用最新的数字技术和文创理念，打造具有创新示范意义的智慧旅游、沉浸式体验、数字文旅项目，能够在以邮轮为特色的数字旅游方面实现创新突破。

（二）宝山打造国际知名高品质旅游目的地

"十四五"时期，宝山区以建设上海科创中心主阵地为主战略，奋力建设新兴产业创新发展、产城融合创新发展的创新型城区，在上海建设具有世界影响力的社会主义现代化国际大都市的进程中发挥更大作用。

具体到文化和旅游领域，宝山区围绕打造极具魅力的艺术之城、生态旅游的人文之城，最终实现宝山艺术人文城市建设的总体目标，促进宝山成为国际知名的高品质旅游目的地。

上海国际邮轮旅游度假区建设，将成为宝山打造国际知名高品质旅游目的地的核心支撑，通过邮轮产业创新发展，推动宝山区建成产城融合创新发展的创新型城区。

三、世界级旅游度假区发展目标

（一）国家培育一批世界级旅游度假区

《中华人民共和国国民经济和社会发展第十四个五年规划和2035年远景目标纲要》《"十四五"文化和旅游发展规划》《"十四五"旅游业发展规划》等国家战略规划提出要以国家级旅游度假区及重大度假项目为基础，充分结合文化遗产、主题娱乐、精品演艺、商务会展、城市休闲、体育运动、生态旅游、乡村旅游、医养康养等打造核心度假产品和精品演艺项目，发展特色文创产品和旅游商品，丰富夜间文化旅游产品，烘托整体文化景观和浓郁度假氛围，培育世界级旅游度假区。

（二）上海建设一批高等级旅游度假区

《上海市国民经济和社会发展第十四个五年规划和二〇三五年远景目标纲要》提出，要建设一批富有文化底蕴的世界级旅游度假区。要提升国际旅游度假区、佘山国家旅游度假区、淀山湖旅游度假区、东平森林旅游度假区功能，推进金山滨海、宝山邮轮、环滴水湖等一批旅游度假区建设。

《上海市"十四五"时期深化世界著名旅游城市建设规划》也提出，要建设一批富有文化底蕴的世界级旅游度假区，推进金山滨海、宝山邮轮、环滴水湖、环淀山湖、东平森林等一批旅游度假区建设。

（三）宝山创建世界级旅游度假区

《推进国际邮轮经济高质量发展上海行动方案（2023－2025年）》提出，宝山吴淞口要着力打造具有全球资源配置能力的邮轮运营总部基地和以"邮轮、游船、游艇"为主题的上海国际邮轮旅游度假区。要积极推进建设上海国际邮轮旅游度假区、上海北外滩旅游度假区等文旅新地标，打造集游客接待、邮轮服务、休闲度假、消费购物为一体的文商旅综合体，拓展邮轮消费内涵，打响邮轮消费品牌，实现邮轮消费提质扩容。针对邮轮旅行特点，优化口岸出入境免税店布局，丰富产品品类，提升旅客服务感受。

《推进国际邮轮经济高质量发展宝山实施方案（2023－2025年）》提出，要聚焦"一区一港两高地"建设，全面建设具有国际邮轮特色、海上门户标识度的上海国际邮轮旅游度假区（一区），并明确了上海国际邮轮旅游度假区的建设重点包括加快功能项目建设运营、推进完善休闲消费空间、大力推动旅游产品开发、持续提升品牌活动影响力、探索区港联动治理模式创新五方面内容。

《上海国际邮轮旅游度假区总体规划》《上海国际邮轮旅游度假区建设三年行动计划（2022－2024年）》等明确提出，上海国际邮轮旅游度假区要聚焦岸线转型、码头建设、水域开发以及航线拓展，发挥万里长江口、百年吴淞口、亚洲最大邮轮港口的资源优势，坚持目标导向、市场导向、需求导向，整合优质资源、加强分工合作，打造以邮轮、游船、游艇（帆船）等"三游"业态为特点、以"三江汇流、三游假日"为主题的功能独特、设施完善、配套齐全的世界级旅游度假区。

第四节　上海国际邮轮旅游度假区基础条件

一、上海国际邮轮旅游度假区总体思路

上海国际邮轮旅游度假区位于长江经济带、长三角一体化等国家战略交汇区域，是长江、黄浦江、东吴淞江等三江交汇处，枢纽节点地位凸显，历史文化底蕴深厚，区位条件优越、水路交通发达。

上海国际邮轮旅游度假区将发挥万里长江口、百年吴淞口和亚洲最大邮轮港的资源优势，打造成以邮轮、游船、游艇（帆船）等"三游"业态为特点、以"三江汇流、三游假日"为主题的世界级旅游度假区，成为长三角独特的水上消费集聚区、北上海开放枢纽门户的重要组成部分，成为中国首选邮轮旅游目的地和世界邮轮旅游重要枢纽。

二、上海国际邮轮旅游度假区存在问题

上海国际邮轮旅游度假区具备建成世界级旅游度假区的潜力，也是上海发展高等级旅游度假区的重点，但与夏威夷、奥兰多、拉斯维加斯、奥兰多等国外著名旅游度假区相比，存在的瓶颈因素主要包括以下五大方面。

（一）旅游目的地整合程度不高

从国外的学术研究和建设实践来看，普遍认为世界级旅游度假区具有旅游目的地的特征，是与周边区域紧密结合的，只有从大区域的视角统一规划、共同发展，才能够增强旅游度假区的可进入性、吸引力和接待能力，进一步完善旅游度假设施和产品体系，增强旅游度假区的可持续发展能力，最大化旅游度假区发展带来的经济、社会和生态效益，最终建成世界级旅游度假区。因此，世界级旅游度假区不应像封闭式景区一样有物理空间边界，夏威夷、拉斯维加斯等国外著名旅游度假区甚至包含了城镇社区、农业空间和生态空间，也必然要求旅游度假区与区域旅游目的地整合发展。

上海国际邮轮旅游度假区在规划和建设的过程中，重点强调以"上海吴淞口国际邮轮港"为中心的 15.5 平方千米规划范围内的旅游项目建设，缺乏宝山区旅游目的地的整体研究视野，邮轮旅游度假区与区域旅游目的地的整合程度不足，不利于增强旅游度假区的吸引力，也不利于最大化发挥旅游度假区的效益。

（二）核心度假产品集群不充分

从国外发展经验来看，世界级旅游度假区是以"目的地＋核心度假产品群"为特征的综合型旅游度假区。上海国际邮轮旅游度假区在创建

世界级旅游度假区的进程中，必然进一步向"综合型旅游度假区"演进，只有形成多元化的核心度假产品集群，并与旅游目的地整合发展，才能够产生强劲的综合性旅游吸引力，吸引全世界旅游者前来旅游度假。

上海国际邮轮旅游度假区的规划和建设采用了"核心度假产品 + 辅助度假产品"的思路，以"三游"度假产品为核心，配套建设生态公园、音乐厅、博物馆、度假酒店、商业街区、影视基地、文创园区等辅助度假产品。

上海国际邮轮旅游度假区的邮轮港口和"三游"度假产品具有世界级的旅游吸引力，但其他辅助度假产品在世界或全国的旅游吸引力则相对较弱。我国沿海的高等级邮轮港口并不少见，大多数也提出了依托港口创建高等级旅游度假区的目标。上海国际邮轮旅游度假区要在"三游"度假产品基础上打造核心度假产品集群，避免过分依赖单个度假产品，与我国沿海其他邮轮旅游度假区产生同质化竞争风险。

（三）长居旅游度假产品不健全

度假旅游者的重游率更高、旅游时间更长。很多度假旅游者还采取了分时度假、公寓式酒店、第二居所等产权居住方式，他们与普通旅游者相比，已经具备了短期居民的特征，旅游需求和旅游行为也具有了显著的差异。他们更加重视面向本地居民的生活服务，而不是面向旅游者的旅游服务，传统旅游服务中较少涉及的医疗、养老、教育、文化等公共服务也成为了他们关注的重点。他们在旅游度假区的停留时间可能长达数月之久，候鸟旅居、避暑旅游、避寒旅游等成为了新的旅游度假形式。

在国外的著名旅游度假区，除了传统的度假酒店以外，分时度假、公寓式酒店、第二居所等产权居所项目已经非常普遍。但是，上海国际邮轮旅游度假区主要规划和建设以五星级酒店为代表的高星级旅游饭店，对非星级住宿接待设施，以及分时度假、公寓式酒店、第二居所等产权居所项目涉及较少，与世界级旅游度假区的发展需求还有较大差距，不利于开发度假、康养、旅居等多元化旅游度假产品，也不利于满足旅游者的长居旅游度假需求。

（四）文化和旅游融合程度不深

"十四五"时期，上海提出了建设社会主义国际文化大都市的目标，宝山区提出了建设艺术人文城市的目标。国家建设富有文化底蕴的世界级旅游度假区，是希望通过文化和旅游深度融合发展，让世界级旅游度假区成为对外文化交流的重要载体，讲好中国故事、传播好中国声音，展现可信、可爱、可敬的中国形象。

宝山区有悠久的历史文化和丰富的文化资源，但是上海国际邮轮旅游度假区在规划和建设的过程中，虽然有吴淞口灯塔、大码头影视基地、半岛1919文化创意园区等文旅融合项目，但总体而言在世界上的文化知名度和吸引力还相对较弱，难以成为中华优秀传统文化的重要标志。

上海国际邮轮旅游度假区应该加强文化和旅游在业态、产品、市场、服务等方面的深度融合，重点提升旅游的文化内涵，以旅游促进文化传播，培育文化和旅游融合发展新业态。将上海国际邮轮旅游度假区建设成为中华优秀传统文化创造性转化、创新性发展的示范平台，建成中华文明对外交流的重要窗口。

（五）产城融合发展内涵不丰富

"十四五"时期，宝山区以建设上海科创中心主阵地为主战略，奋力建设新兴产业创新发展、产城融合创新发展的创新型城区。同时，宝山区建设艺术人文城市、国际知名的高品质旅游目的地。

上海国际邮轮旅游度假区规划和建设的重点项目，除了上海吴淞口国际邮轮港这个龙头旅游项目以外，以生态公园、音乐厅、博物馆、度假酒店、商业街区、影视基地、文创园区等传统旅游度假项目为主。上海国际邮轮旅游度假区的重点项目与上海科创中心战略、邮轮产业经济体系的融合潜力还没有充分发挥，农业、制造业、医养康养、研学教育、信息技术、科学研究等产业与旅游业的融合程度不足，"产业＋旅游业"的融合性旅游项目不丰富，上海国际邮轮旅游度假区对于宝山区建设邮轮产业经济高地、上海科创中心主阵地的支撑作用不充分。

第五节　上海国际邮轮旅游度假区建设任务

以世界级旅游度假区的四大特征为发展目标，结合"十四五"时期我国文化和旅游发展的总体战略思路，提出上海国际邮轮旅游度假区的四大重点工程，包括建设世界一流旅游吸引力、提升世界一流游客满意度、提升世界一流旅游知名度、建设世界一流旅游产业经济。图 2－2 为上海国际邮轮旅游度假区发展思路框架。

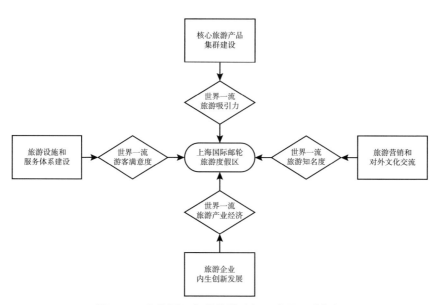

图 2－2　上海国际邮轮旅游度假区发展思路框架

一、世界一流旅游吸引力建设工程

（一）推进文旅融合发展

1. 开展文化和旅游资源普查

将上海市宝山区的旅游景区、文物保护单位、历史建筑和工业遗产、历史文化街区和特色地区、名镇名村和传统村落、风景名胜区、历史河湖水系和水文化遗产、山水格局和城址遗存、古树名木、非物质文化遗产等文化和资源分类整理建档，编制资源保护开发名录和大数据库。

2. 抓好文化资源的活化利用

加大宝山孔庙大成殿、宝山古城墙、东南水关遗址、大中华纱厂及华丰纱厂旧址、吴淞炮台抗日遗址、吴淞口灯塔等文物保护单位的保护力度，把凝结着宝山区民族传统文化精髓的历史文物保护好、利用好，把文物背后的历史价值和时代意义发掘好、阐释好。系统梳理和活化利用宝山区的历史文化资源，让收藏在博物馆里的文物、陈列在广阔大地上的遗产、书写在古籍里的文字都活起来，展现上海国际邮轮旅游度假区的历史风貌和文化魅力。

3. 打造整体文化景观

深入挖掘上海市和宝山区的历史文化内涵，坚持多元包容，鼓励发展群众喜闻乐见的文化生活新形态。制定公共艺术百分比政策，提升上海国际邮轮旅游度假区建筑和环境的艺术品质。增强街区文化休闲功能，加强地理要素与文化内涵的关联表达。以线性文化景观和历史文化街区为重点，完善绿地体系，丰富文化功能，打造历史文化探访路线，串联文化魅力场所和精华地区。历史建筑设置导览二维码系统，建设"建筑可阅读"的微旅行街区，鼓励时尚文化活动开展和艺术街区建设，引导礼仪、饮食、休闲等各类文化健康发展。延展交通枢纽、商圈、景区、街区等文化功能，打造多元复合文化空间，建设综合型文化商业聚集区。

4. 发展文化旅游演艺

挖掘优秀传统文化，加大宝山沪剧等文化演艺精品创作力度，推出沉浸式、互动式等演艺业态。依托《茶花女》《东方女性》等宝山沪剧精品剧目，丰富驻场演出、实景演出、主题公园演出等不同形态的高品质演艺产品。做优做强演艺运营，鼓励国际国内知名院团和艺术家将优秀演艺作品的首演放在上海国际邮轮旅游度假区。建设国际水准的演艺空间，充分利用长滩音乐厅、炮台湾贝壳广场等室内外演艺场地，鼓励商业综合体、文化街区、旅游景区、度假酒店、主题公园等引进演艺项目，打造文化演艺与旅游度假深度融合的综合消费场所，推动业态模式创新。

5. 推动非遗活态传承

依托罗店划龙船习俗、沪剧、萧泾寺传说、月浦锣鼓、大场江南丝竹、友谊民间剪纸、古法末茶制作技艺、莫派魔术、罗店天花玉露霜等优质非遗项目，完善宝山区的多层次非遗名录体系，规范项目认定和管理制度，强化保护传承效果评估。进一步发掘、整理、保护与传承各类非物质文化遗产，开展文化典籍、民俗、口述史的整理、出版、阐释工作，发现保护一批新的非遗项目，推动非遗资源数据库建设。坚持政府主导、社会参与，促进非遗与上海国际邮轮旅游度假区融合发展，利用非遗资源开发旅游度假产品，推动非遗活态传承、融入生产生活。

6. 提供高质量公共文化服务

以满足人民群众文化需求为中心，大力提升公共文化服务效能。根据上海国际邮轮旅游度假区客流情况和需求变化，建立公共文化服务动态调整机制，实现文旅联动发展。高标准建设宝山区图书馆新馆、大剧院、博物馆，扩大上海宝山国际民间艺术博览馆、上海淞沪抗战纪念馆、上海玻璃博物馆、上海木文化博物馆、上海长江河口科技馆等公共文化设施免费开放范围，推行夜间开放，为群众免费提供高质量公共文化服务。联动上海淞沪抗战纪念馆、上海抗日战争纪念馆、上海解放纪念馆、陈化成纪念馆，打造国际知名红色文化地标群。构建以图书馆、书城、书店等为支撑的十五分钟现代公共阅读服务体系，营造上海国际邮轮旅游度假区的阅读氛围。充分用好宝山区各级各类公共体育设施，发挥其在公共文化服务领域的作用，实现上海国际邮轮旅游度假区"文旅体融合"。

7. 发展夜间文化旅游经济

发展文化旅游夜间经济，鼓励宝山区上海宝山国际民间艺术博览馆、上海玻璃博物馆、上海木文化博物馆、上海长江河口科技馆延长开放时间。推动顾村公园、上海吴淞炮台湾国家湿地公园、闻道园等旅游景区夜间开放。鼓励上海国际邮轮旅游度假区推出夜间娱乐精品节目和驻场演出，积极组织夜间游览活动。丰富春节、元宵、清明、端午、七夕、中秋、重阳等传统节日文化内涵和旅游产品。

（二）推进度假产品多元化

1. 打造核心度假产品集群

围绕上海国际邮轮旅游度假区建设，推动旅游与自然生态、文化娱乐、体育运动、医养康养、商务会展等深度融合。大力推进旅游消费领域对外开放，积极培育旅游新业态、新模式、新热点，打造核心度假产品集群。推动旅游度假消费提质升级，探索富有文化底蕴的世界级旅游度假区建设新路径，打造业态丰富、精品集聚、文化鲜明、环境舒适的世界旅游度假胜地。

2. 大力发展海洋旅游产品

促进旅游度假与邮轮旅游融合发展。支持邮轮企业根据旅游市场需求开拓邮轮航线，不断丰富由上海吴淞口始发的邮轮产品。加快邮轮产品创新，探索发展无目的地邮轮航线，推动邮轮"多点挂靠"常态化，开发邮轮沿海航线。研究简化邮轮旅客出入境手续，推动游客口岸通关模式创新，实施外国旅游团乘坐邮轮入境免签政策。

推进滨江岸线转型与水岸联动，优化邮轮港口周边旅游度假设施和滨江带景观环境，增强上海国际邮轮旅游度假区对旅游者的吸引力，打造滨江邮轮会客厅。将上海国际邮轮旅游度假区纳入国际旅游"一程多站"航线，推动"邮轮 + 始发游""邮轮 + 访问游""邮轮 + 目的地游"等产品发展。

打造邮轮经济全产业链，依托上海国际邮轮配套产业园建设，形成邮轮设计、建造、管理、运营、服务等产业集群，培育完善本土邮轮配套体系，打造集生产装配、系统支持、辅助配套等功能于一体的邮轮产业生态。

促进旅游度假与游艇旅游融合发展。简化游艇入境手续，放宽游艇旅游管制。加快完善游艇软硬件设施，开发高端旅游项目，探索在上海国际邮轮旅游度假区建设"国际游艇自由港"。

3. 大力发展休闲购物产品

依托阅江汇、时尚长滩商业街区等重点项目建设，将上海国际邮轮旅游度假区建设成为国际旅游消费中心。引进知名品牌首店、旗舰店和体验店等业态，打造旅游购物综合体，设计具有文化特色的购物旅游街区、线路，培育商品体验、特色商业等购物项目，促进旅游度假与休闲购物融合发展。

依托半岛 1919 文化创意产业园等文化创意项目建设，培育文创商品研发、生产、销售龙头企业，形成国内外知名的食品、美妆、服装、珠宝、手工业等旅游商品品牌。在上海国际邮轮旅游度假区创新免税购物政策，提高免税购物限额。增加离境购物退税商店数量，推行现场退税方式，提高离境退税各环节办理速度和便利程度。

挖掘上海市和宝山区本土特色文化餐饮资源，围绕时尚长滩商业街区等重点项目营造餐饮文化体验场景，培育旅游度假餐饮品牌，扶持餐饮名店，建设美食街区，打造国际美食集聚区。

4. 大力发展健康旅游产品

促进旅游度假与医疗健康融合发展。加快健康旅游服务企业发展，打造集预防、医疗、康复、养老为一体的健康旅游产品，创建健康旅游示范基地。

积极推进中医药、现代医疗康复技术和上海国际邮轮旅游度假区的气候资源、环境资源融合发展，打造中医药健康旅游品牌。推进中医药和旅游度假深度融合，建设度假、食疗、生态、文化等多种康养服务体系，促进中医养生保健服务业态创新，鼓励举办面向入境旅游者的社会办中医医疗机构，打造中医健康旅游国际品牌。

依托北上海生物医药产业园、上海交通大学医学院附属第九人民医院、上海市宝山区中西医结合医院、上海市第二康复医院等优质医疗医药资源，大力发展国际医疗旅游和高端医疗服务。鼓励医疗新技术、新装备、新药品的研发应用，促进医疗美容、口腔正畸、体检、辅助生殖等非基本医疗服务市场发展，制定支持入境旅游者到上海国际邮轮旅游度假区诊疗的便利化政策。

5. 大力发展体育运动产品

促进旅游度假与体育运动融合发展。以上海吴淞炮台湾国家湿地公园、宝山滨江公园、上海淞沪抗战纪念公园、上海长滩瀑布公园、长江口水上运动体验中心、邮轮甲板公园、美兰湖、顾村公园等为载体，推动体育运动与旅游度假设施、文化娱乐设施的综合开发，打造兼具运动休闲、健康锻炼、文化娱乐的运动度假产品。促进体育、旅游、度假、康养融合发展，培育健身休闲项目，大力培育健身跑、健步走、自行车、水上运动、射击射箭、马术、航模等群众喜闻乐见的休闲体育项目。依托国际性品牌赛事活动，发展赛事旅游产业，打造赛事旅游目的地。鼓励上海国际邮轮旅游度假区创建国家体育训练基地、国家体育旅游示范区。

6. 大力发展商务会展产品

促进旅游度假与商务会展融合发展。进一步提升上海宝山国际民间艺术节的品质和全球影响力，支持上海国际邮轮旅游度假区举办国际海洋商品博览会、国际海洋电影节、国际邮轮产业博览会等大型国际展览会、节庆活动，以及亚太邮轮大会、上海邮轮文化旅游节等适合文化旅游、邮轮产业特点的展会。将上海国际邮轮旅游度假区培育成为邮轮旅游促进邮轮会展、邮轮会展活跃邮轮旅游的融合型平台。充分利用上海国际邮轮旅游度假区的时尚长滩商业街区、阅江汇等重点项目的住宿、餐饮、交通等旅游服务设施，形成展览、会议、旅游、度假并重的会展功能区。积极培育会展旅游产业集群，形成会展服务体系。

（三）建设旅游度假目的地

1. 对接全域旅游发展

推动上海国际邮轮旅游度假区协同宝山区创建国家全域旅游示范

区、打造世界旅游目的地，构建具有旅游度假区特点的全域旅游创建工作体系。实现上海国际邮轮旅游度假区和宝山区周边区域的旅游发展规划、旅游吸引物体系、旅游基础设施和公共服务、旅游服务要素和新业态、旅游资源和生态环境保护等一体化发展。

2. 拓展城市休闲空间

以创建国家全域旅游示范区为基础，推动上海国际邮轮旅游度假区周边街道、镇和功能区开展全域旅游创建工作。建设景观街区、廊道和水岸，不断美化城市景观体系，提升旅游休闲功能。打破地域和行政分割，优化城市空间布局，建设一批开放式旅游景区和口袋公园，实现"步行5~10分钟有绿、骑行15分钟有景、车行30分钟有公园"。以上海国际邮轮旅游度假区建设为契机，丰富国际滨江带邮轮文化内涵，打造邮轮文化旅游带。

3. 拓展郊野游憩空间

依托宝山区的上海吴淞炮台湾国家湿地公园、宝山滨江公园、顾村公园、美兰湖等生态公园，对接浦东新区的上海滨江森林公园，拓展上海国际邮轮旅游度假区周边的郊野游憩空间，营造优质的郊野游憩环境。以游客和居民需求为中心，提升郊野公园的发展质量，完善旅游设施和公共服务。

4. 拓展乡村旅游空间

以杨行镇、月浦镇、罗店镇、罗泾镇为重点，拓展上海国际邮轮旅游度假区周边的乡村旅游空间，结合乡村振兴战略，推动乡村旅游提质升级，在上海国际邮轮旅游度假区周边形成一批高品质的乡村旅游产品，依托旅游促进乡村振兴。大力推进观光农业、休闲农场和美丽乡村休闲带建设，完善休闲农业和乡村旅游配套设施，实现农业功能与休闲、观光、度假融合。依托优秀文化历史名镇名村以及特色乡村旅游示范点等，建设一批特色景观旅游名镇名村。

二、世界一流游客满意度提升工程

（一）完善基础设施和公共服务

1. 共建共享文化和旅游设施

文化和旅游综合公共服务设施共建。研究适合宝山区的文化和旅游公共服务设施建设规划和服务标准，改造提升上海宝山国际民间艺术博览馆、上海淞沪抗战纪念馆等公共文化项目。参考公共文化服务体系示范区和全域旅游示范区标准，探索建立体系完善、主客共享的文化和旅游综合公共服务设施。

文化和旅游公共服务活动共享。鼓励文化公益惠民服务活动服务旅游者，推动公共文化服务进入景区。

2. 实现交旅融合发展

实现上海国际邮轮旅游度假区交通便捷化。优化交通体系，健全交通网络，提高旅游交通通达度，建设服务全球游客的国际旅游交通网络。加强机场、高铁、城市轨道交通、公交线路等的有效衔接，重点做好与北沿江高铁宝山站的对接，实现交旅融合、站城融合。合理布局旅游停车场，在游客主要集散区等增设旅游停车场和游客下车点，方便居民游客出行。探索推进上海国际邮轮旅游度假区的旅游专线体系建设，与轨道交通和公路形成互补和衔接，并将旅游专线体系与全域旅游交通结合。大力构建30分钟公共交通服务圈，提升上海国际邮轮旅游度假区的公共交通可达性。完善旅游交通标识系统，充分发挥线上交通引导标识功能，提升外语标识规范化水平。推动旅游步道、自行车休闲绿道、水上游船线路等旅游慢行交通设施建设，推动水陆旅游联动开发。

3. 建设智慧旅游度假区

对接智慧城市平台，通过移动应用端实时汇集和发布各类旅游和生活信息，满足旅游者和本地居民的全场景旅游信息需求。完善旅游和生活信息管理与发布平台，与文化和旅游部数据中心等权威单位建立大数据联合创新实验室，整合旅游相关信息数据，提升行业管理和服务能力。增强智慧旅游体验，深化导航、导览、支付、分享等领域的移动智能服务。加大旅游度假场景智能化创新和应用力度。

4. 提升入境旅游便利

对接国际旅游市场规则和通行标准，针对上海国际邮轮旅游度假区推出更便利的入境旅游措施，为中外旅游者创造更便捷的政策环境，为入境旅居者、医疗旅游者申请签证提供便利。用好 2024 年 5 月 15 日起实施的外国旅游团乘坐邮轮入境免签政策。

5. 促进公共服务国际化

发挥上海国际邮轮旅游度假区作为对外展现中国形象重要窗口的作用，加快建设国际化的公共服务环境。完善多语种旅游指南、交通地图、旅游应用软件、中英文标识标牌，推行多语种菜单，实现公共交通英语报站全覆盖。建设多语种网站、指示牌、导览器、手机应用。实施旅游咨询及服务国际化提升工程，完善报警、医疗保障、旅游投诉、紧急救援、外币兑换等多语种服务。提升旅游厕所品质，优化旅游场所无障碍设施。

（二）完善社会治理格局

1. 构建共建共治共享格局

将上海国际邮轮旅游度假区建设成为旅游者、旅居者和本地居民的共享空间，构建不同主体共建共治共享的社会治理格局。充分发挥社区在旅游度假区社会治理中的重要作用，作为传统旅游管理的重要补充。

加强旅游人口数据动态分析，覆盖旅游者、旅居者和本地居民等不同人群，建立旅游人口监测预警制度。

2. 提升公共服务便利化

加大优质公共服务供给，满足旅游者、旅居者和本地居民需求。大力引进国内优质医疗资源，推进国际医疗资源合作，积极引进优秀卫生科技人才。完善异地就医直接结算机制，实现异地就医住院费用和门急诊医疗费用直接结算。鼓励发展商业医疗保险、长期护理保险。推进社会养老服务设施建设，推进社会保险异地办理，开展养老服务补贴异地结算试点，促进异地养老。研究入境旅居者的住房、就医、子女教育等便利化问题。

3. 健全养老服务体系

提供更加充分的养老服务供给。更加主动应对人口老龄化挑战，构建居家社区机构相协调、医养康养相结合的养老服务体系，持续提升老年人生活品质和生命质量。建立健全老龄人力资源开发机制，创新"候鸟人才""旅居人才"引进和使用机制。

（三）完善体制机制保障

1. 推进度假区管理国际化

加快建立与国际接轨的旅游度假区管理体制，推动上海国际邮轮旅游度假区相关企业开展国际标准化组织（ISO）质量和环境管理体系认证，系统提升旅游企业的国际化、标准化、信息化水平。

完善旅游度假区标准化体系。修订和制定与上海国际邮轮旅游度假区相关的政策法规，引导、支持、规范旅游度假区持续健康发展。推进上海国际邮轮旅游度假区标准化示范建设和国际质量认证。

2. 完善度假区安全管理

提升和优化上海国际邮轮旅游度假区安全管理水平。牢牢把握意识形态的领导权、主动权、话语权，落实意识形态工作责任制，完善安全生产工作机制。推进安全隐患治理行动，加大对上海国际邮轮旅游度假区内剧场、涉外演出、驻场演出、景区景点等重点区域的隐患排查治理，提升安全监管水平。

三、世界一流旅游知名度提升工程

（一）拓展对外营销平台

加强与文化和旅游部的对接，充分发挥驻外旅游办事处、海外中国文化中心、孔子学院等海外机构的平台作用，推介上海国际邮轮旅游度假区。依托各类平台讲述中国故事、传播上海声音、展示宝山形象。依托海外有影响力的传统媒体和新媒体平台，创新上海国际邮轮旅游度假区对外宣传推广新格局。

促进民间交往，健全专业化、市场化、国际化的海外市场营销机制，创新产品和服务，增强上海国际邮轮旅游度假区的国际吸引力。发挥好文图博等文化艺术机构在营销旅游中的作用，引导旅游者、旅居者、本地居民成为上海故事的讲述者和传播者。

（二）提升全球影响力

围绕上海国际邮轮旅游度假区，建立多媒体立体旅游形象标识系统。构建全媒体、宽渠道的旅游推广营销网络，宣传展示上海国际邮轮旅游度假区形象。借助国际组织、驻外办事处、海外推广机构、境外友好城市和跨国旅游企业，策划举办上海国际邮轮旅游度假区系列宣传推广活动，加强国际交流与合作。制定实施全球宣传推广计划，进一步拓展入境旅游市场。

（三）加强国际组织合作

加强与联合国开发计划署、世界旅游组织、联合国教科文组织、世界旅游业理事会等国际组织合作，搭建国际交流合作平台。打造中外智库高端对话交流机制，推动中外智库合作研究，积极参与国际学术组织和国际科学计划，深入参与全球旅游度假区管理研究和政策规划。

四、世界一流旅游产业经济建设工程

（一）强化人才智库支持

1. 强化人才支持

加强旅游人才队伍建设对上海国际邮轮旅游度假区的支持。引进优秀人才，加强旅游创意、旅游管理、旅游服务等人才队伍建设。整合教育资源，打造旅游人才高地。深化国际合作，提升国际人才服务旅游发展的水平。支持培养和引进小语种旅游人才。

2. 建设高端智库

鼓励上海国际邮轮旅游度假区合作发展高端智库。依托权威的科研机构、社会组织和国际组织，建设具有国际影响力和话语权的邮轮产业高端智库。以邮轮游艇、都市旅游、水上运动、传统文化等主题为重点，积极加强与国际旅游组织和机构的合作，提升在全球旅游度假市场的影响力和话语权。

3. 加强科学研究

建设上海国际邮轮旅游度假区大数据平台，发布旅游度假区、邮轮产业的发展报告和指数。围绕上海国际邮轮旅游度假区对国民经济和社会发展的综合贡献，优化细化旅游统计监测制度。科学研究上海国际邮轮旅游度假区的发展演变、客源市场结构、旅游者行为规律、旅游发展质量和效益，建立游客满意度调查和评价机制，为上海国际邮轮旅游度假区的高质量发展提供理论和数据支撑。

4. 提高外国人才工作便利度

为在上海国际邮轮旅游度假区就业创业的外国人才提供出入境和居留便利。建立外国人在上海国际邮轮旅游度假区内的工作许可制度和人才签证制度。探索全球人才招聘和外国高技术人才引进制度。开通外国高端人才的住房、子女入学、就医、社保等服务通道。

（二）打造一流营商环境

1. 优化公平便利的营商环境

开展营商环境评价，在开办企业、办理施工许可证、获得电力、登记财产、获得信贷、保护少数投资者、纳税、跨境贸易、执行合同和办理破产等方面加大改革力度。深化"放管服"改革，持续推进"证照分离"和"多证合一"改革，实现在旅行社、导游管理和服务领域，减环节、减证明、减时间、减跑动次数，有效降低企业制度性交易成本。完善旅游政策体系，对旅游领域的新技术、新业态、新模式实施包容审慎监管。

2. 加大金融财税支持

统筹用好文化旅游领域各项财政资金，打造上海国际邮轮旅游度假区的优质项目。创新旅游投融资机制，加大对旅游产业的支持力度。充分发挥各级旅游发展专项资金引导和带动作用。建立财政支持、社会融资及政府担保的金融支持体系，拓展旅游度假企业融资渠道。按照国家有关规定，落实对旅游度假企业的税收优惠政策。

3. 完善旅游用地保障

编制和调整国土空间规划、水功能区划时，充分考虑上海国际邮轮旅游度假区发展需要，优先保障旅游重点项目用地。在不改变用地主体、规划条件的前提下，市场主体利用旧厂房、仓库提供符合旅游度假区发展需要的旅游服务的，可执行继续按照原用途和土地权利类型使用土地的过渡期政策。农村集体经济组织可依法使用建设用地自办或以土地使用权、联营等方式，开办旅游企业。探索农用地旅游业复合利用，对乡村旅游项目及服务设施符合相关规划的，可实行"点状"供地。

（三）推进可持续发展

1. 形成绿色生产生活典范

开展系列绿色创建活动，加快推广新能源汽车，提倡绿色出行，提高公共交通机动化出行分担率。坚持"绿色、循环、低碳"理念，推动形成绿色生产生活方式，推动现有旅游产业向智能化和绿色化转变，将上海国际邮轮旅游度假区建成绿色发展典范。

2. 探索共享经济模式

探索共享经济发展新模式。建立闲置房屋盘活利用机制，鼓励发展度假民宿、康养民宿等新型租赁业态。在交通、医疗、养老、旅游、度假等领域开展共享经济示范。

第三章

世界著名邮轮旅游城市案例

第一节 伦敦邮轮旅游发展经验

一、伦敦邮轮旅游市场现状

2009 年，伦敦邮轮港口共停泊邮轮 22 艘，其中 11 艘邮轮以伦敦为挂靠港，11 艘邮轮以伦敦为母港（London Development Agency，2009）。伦敦邮轮港口停泊的邮轮包括母港邮轮和访问港邮轮。泰晤士河的宽度、潮汐以及泰晤士河水闸限制了通往伦敦邮轮港口的船舶体积，因此停泊在伦敦市中心区域的邮轮均为小型邮轮。

由于需要较长的航行时间，以及较高的领航费用和停靠条件，伦敦邮轮港口的综合成本较高，已经成为港口竞争力的制约因素。停泊在伦敦港口的多为游客数较少的高端豪华邮轮，每艘邮轮的平均游客数为 486 人（London Development Agency，2009）。邮轮企业在伦敦倾向于不过夜停靠，即在伦敦港口从早上靠泊到晚上。伦敦的邮轮旅游具有很强的季节性，其中每年 4 月到 9 月为旺季。

二、伦敦三大邮轮码头设施现状

伦敦市区共有三个邮轮码头。其中，小型邮轮可以沿泰晤士河而上穿过伦敦塔桥，停泊在贝尔法斯特号巡航舰旁边的上塔桥港，而大型邮轮则只能停泊在伦敦塔桥下游的格林威治港。

（一）上塔桥港

上塔桥港为邮轮旅游提供了独一无二的环境体验。邮轮在上塔桥港可以看到伦敦塔并且有机会乘船从塔桥下方驶过。但是，1997 年英国商船和海上安全条例规定所有入境乘客都应经过安检区域，而贝尔法斯特号巡航舰周边并不具备相应的安检条件，因此旅游者不能穿过贝尔法斯特号巡航舰上岸，需要乘坐船只从伦敦塔码头上岸。

（二）下塔桥港

塔桥下游的下塔桥港是伦敦市中心地区的另一个邮轮停泊港口，游客也需要由内河船运送到伦敦塔码头上岸。下塔桥港现在处于停止使用状态。

（三）格林威治港

和伦敦塔桥附近地区一样，格林威治港周边也拥有丰富的旅游资源。格林威治港本身是世界文化遗产，同时格林威治港对岸为著名的金丝雀码头。格林威治港可以停泊 240 米长的邮轮，这也是可以通过泰晤士河水闸最大体量的船舶。格林威治港的接待设施也相对简陋，为了方便接待旅游者，在浮船上建有一个配备简单港口设施的房子。当邮轮到达格林威治港时，浮船靠近邮轮，乘客及行李在漂浮船上通过安检，并由内河船运送到格林威治岸上。

三、伦敦邮轮旅游存在的问题

（1）缺乏邮轮停泊设施导致运营成本高、效率低，且不能为残障人士提供无障碍旅游服务。

（2）三个码头都为临时码头，没有专门的固定设备，放置行李和邮轮停泊的地方较小。

（3）作为世界著名旅游城市，伦敦过于简陋的邮轮港口设施与国际旅游目的地的形象不符。

（4）由于邮轮停靠伦敦的时间和经济成本较高，已有相当数量邮轮选择不在伦敦进行停靠。

（5）伦敦没有专门的机构来专门负责邮轮旅游的营销推广工作，旅游市场营销职能分散于各个机构，制约了伦敦邮轮旅游的发展。

四、伦敦邮轮旅游发展经验启示

（一）多元化的邮轮港口体系

伦敦市中心地区的邮轮港口主要停泊高端小型邮轮，伦敦市外围地区的邮轮港口应能够容纳多艘大型邮轮。这样，邮轮港口间分工明确、错位发展，构成了完善的邮轮港口体系。

（二）提升邮轮港口硬件设施

旅游城市应有宽阔的邮轮码头和灵活的邮轮登船手续，不同邮轮企业应有自己的办理窗口和系统。每个邮轮港口的安检和海关设置应根据港口实际情况、邮轮企业需求而调整优化，以在旅客出入境检查时提升游客满意度。充足的停车位对于提升邮轮港口的接待能力至关重要。

（三）邮轮港口的综合性开发

邮轮客运大楼的综合性利用是邮轮港口建设的重要商业模式。由于邮轮旅游季节性很强，在旅游淡季的时候，需要发展邮轮旅游的替代产品。伦敦的邮轮客运大楼将自身设施与宾馆、会议等功能结合，能够在没有邮轮停泊的时候举行其他商业活动。

（四）方便快捷的综合交通体系

邮轮港口大多建在拥有综合性大交通的城市中，但是应避免出现交通拥堵以及交通指示标识不清等情况。高速公路、火车、机场等大交通对邮轮母港十分重要，而区域内交通对邮轮访问港至关重要。越来越多的邮轮旅游者选择以散客方式出行，对城市邮轮旅游的交通接驳体系提出了新的挑战。

（五）完善旅游配套设施和功能

邮轮客运大楼应建有旅游咨询服务台。从邮轮港口下船的旅游者，特别是访问港邮轮旅游者的旅游时间非常有限，应让其能够便利地到达旅游景点。散客邮轮旅游者的人数持续增加，因此邮轮港口周边的购物中心、旅游景点以及休闲娱乐设施显得更加重要。在考虑旅游者需求的同时，也要考虑到邮轮船员的需求。例如，在英国泰恩河港口不远处的零售便利店就很受邮轮船员的欢迎。

第二节　迈阿密邮轮旅游发展经验

一、优越的地理区位

迈阿密 2023 年共接待了 730 万名邮轮旅游者，被称为"世界邮轮之都"①。迈阿密所在的佛罗里达州位于南北向、东西向海运航道的中心位置且拥有独一无二、规划合理的联合运输系统。迈阿密港口处于主要海运路线中，拥有"世界邮轮之都"和"美洲货运门户"之称。地理位置在航线制定过程中发挥重大作用。迈阿密优越的地理条件无疑是其发展的优势之一。从迈阿密到达加勒比地区、墨西哥、中美洲和南美洲北海岸等主要邮轮目的地都十分便捷。此外，优越的地理位置也巩固了迈阿密港口的母港地位，使其成为著名邮轮航线的重要出发地和终点站。

二、便捷的立体交通网络

佛罗里达州拥有"迈阿密国际机场"和"劳德代尔堡 – 好莱坞国际机场"等大型国际机场。从佛罗里达州飞往美国东部主要城市以及加勒比和中美洲主要城市只需要三小时。迈阿密是美洲和加勒比地区之间航空运输的主要连接点，同时也是游客去往欧洲的门户。迈阿密国际机场拥有覆盖全球的 1055 条航线②，是世界上最忙碌的机场之一。迈阿密

---

① 迈阿密政府，https：//www. miamidade. gov/portmiami/cruise. asp。
② 美国机场指南，https：//www. americanairportguide. com/mia/airport – statistics. htm。

除了拥有连接世界其他城市的航空和水运航线，还有高度集中的货运代理服务。

三、货运和邮轮客运共同发展

（一）非营利性港口

迈阿密港口是一个非营利性的港口。它为私营部门的所有商业运营活动提供基础设施。货物的装卸由独立的装卸公司负责。装卸公司与货物和邮轮公司签订合同。此外，迈阿密港在财政上独立于县政府税收资金。码头的所有收入来源于码头业务收入、船坞使用费、存储费等。

（二）环保型港口

迈阿密港口是一个"环保港口"，散装货物或危险货物如燃油等不能在港口进行装卸。为减少经营活动带给海岸和周边生态系统带来的污染，迈阿密港口货物多为集装箱、滚装货物等。

（三）港口持续扩建

1980年迈阿密港口开展的港口扩建项目将港口面积扩大1倍，并且修建了新的邮轮码头、办公区域以及港口设施。现在，迈阿密港口码头在停泊小型邮轮的同时还可以容纳6艘巨型邮轮。港口主要道路质量得到提升，货轮和邮轮冲突也相应减少。随着邮轮产业的持续发展，邮轮船舶的吨位不断增加，邮轮旅游市场不断扩大，邮轮港口必须持续升级扩建以适应市场的需求。

四、优质的邮轮港口设施和服务

（一）邮轮客运大楼建设

随着邮轮旅游者数量增加，迈阿密港不断扩建邮轮客运大楼，持续完善邮轮港口设施建设。旅游者通行廊桥直接连接邮轮以及客运大楼三层。旅游者下船后直接进入客运大楼三层，通过相关检查之后进入一层提取行李。此外，邮轮客运大楼还设有登机手续办理窗口，方便旅游者从客运大楼直接前往机场乘坐飞机。

（二）邮轮配套办公设施建设

除了供旅游者使用的客运大楼外，迈阿密邮轮港口还配套有港口行政管理大楼以及邮轮企业办公大楼。迈阿密是世界主要邮轮企业集团的总部所在地，已经形成完备的邮轮总部经济。

（三）提升邮轮港口安全性

旅游者安全是迈阿密邮轮港口建设的重点之一。邮轮码头上设有和机场一样的安检设备，此外，港口和邮轮船上也设有安检设备。

（四）便捷的游客行李管理

邮轮旅游者的行李与乘客分开管理。旅游者能够将行李从客源地城市的机场一直托运到邮轮的房间，极大地改善了乘客的旅游体验。邮轮企业与大巴运营公司签订协议，由大巴公司负责行李的运送工作。

（五）完善邮轮垃圾处理

邮轮企业与邮轮港口签订协议，同意专业公司处理邮轮垃圾和废弃物，以减少邮轮停靠对迈阿密港口生态环境的破坏。

五、极具吸引力的旅游目的地

除了拥有完善的港口设施，迈阿密作为邮轮目的地还拥有深厚的城市文化和有吸引力的旅游景点。迈阿密作为旅游城市具有城市优美、海滩迷人、气候宜人、机场现代、酒店住宿充足且舒适等诸多优势。

六、邮轮旅游与城市旅游共赢发展

（1）邮轮旅游业的发展有效促进了迈阿密的经济发展。除邮轮经济收入大幅上涨外，邮轮旅游带动了迈阿密的城市旅游业发展，旅游者人数不断上升；（2）吸引了大量邮轮企业将迈阿密作为总部，形成邮轮总部经济；（3）邮轮企业和周边产业带来的就业岗位大量增加；（4）带动航空运输业发展，航空乘客中有12%来自邮轮旅游者；（5）带动邮轮港口周边的宾馆、餐饮、商店、旅游景点等旅游产业发展；（6）带动邮轮船供产业发展；（7）带动为邮轮船员提供服务的产业发展。

第三节　马耳他瓦莱塔邮轮旅游发展经验

一、瓦莱塔邮轮项目背景

瓦莱塔是马耳他的首都，也是地中海里著名的旅游目的地。他有丰富的历史建筑、舒适的气候、美丽的自然景观，与英国等国家有深厚的历史和文化联系。旅游业是马耳他的重要支柱性产业，旅游相关产业的增加值已经占到经济总量的 25%（McCarthy，2003）。近年来，地中海地区的邮轮产业发展迅速，瓦莱塔成为了地中海里的重要邮轮港口。世界主要的邮轮企业已经入驻瓦莱塔，邮轮停靠数和旅游者接待数增长迅速，1999 年总计接待了 248 艘邮轮以及 19.3 万名邮轮旅游者（McCarthy，2003）。为了推动邮轮产业的快速发展，增强港口接待能力，在地中海邮轮旅游发展中提升竞争力，瓦莱塔需要建设新的邮轮港口和配套设施。

特别是瓦莱塔的弗洛里亚纳水岸地区，作为 18 世纪的商业和贸易中心，保留着大量精美的巴洛克式建筑。但是，由于马耳他城市中心的转移，以及产业结构的转变，该地区从 1957 年以来人口就处于持续下降的过程中，地区的居民收入和房屋租金低于全国平均水平，许多历史建筑年久失修，处于破损状态，基础设施和公共服务欠缺，许多房屋无人居住，并且一大片区域被挪作停车场和港口货物站场使用，破坏了整体景观。

二、瓦莱塔邮轮项目概况

（一）邮轮项目概况

弗洛里亚纳水岸地区具备建设邮轮港口的优越自然条件，因此当地政府决定在该地建设邮轮港口和配套设施，主要包括以下内容：（1）能够每小时通行 1000 名乘客的邮轮客运大楼，包括各种配套设施和服务，并通过地下乘客通道与码头相连接；（2）新建免税购物中心；（3）对原有的商场进行装修改造，增加零售、休闲、旅游相关功能；（4）对原有的发电厂进行装修改造，改作商业和零售用途；（5）新建渡船客运大楼；（6）新建水景广场以用于户外娱乐；（7）沿水岸新建人行步道；（8）保持新建筑与原有建筑的风貌统一；（9）实现历史建筑的改造更新利用。

（二）邮轮项目目标

瓦莱塔邮轮项目主要为了实现以下目标：（1）促进马耳他的旅游产业发展；（2）提升马耳他的邮轮产业竞争力，成为地中海的重要邮轮母港；（3）促进水岸地区的经济发展，扭转人口减少的趋势；（4）促进水岸地区的生态环境保护；（5）推进历史建筑和街区的更新；（6）保护水岸地区的传统文化；（7）完善周边地区市政设施和公共服务；（8）增强中心城市与水岸地区的连接性；（9）实现水岸地区土地的多元化利用，避免单一的商业或旅游功能。

三、瓦莱塔邮轮项目影响

瓦莱塔邮轮项目实现了水岸地区内部功能的多元化和有机整合，实现了水岸地区和中心城区的有效连接，促进了瓦莱塔和马耳他的旅游经济和邮轮产业发展，实现了城市总体规划的目标。

第四节　巴塞罗那邮轮旅游发展经验

一、巴塞罗那邮轮旅游发展现状

巴塞罗那是地中海地区的首要邮轮旅游目的地以及最大的邮轮港口。1992 年巴塞罗那奥运会时，有 15 艘邮轮在港口聚集形成了"漂浮旅店"的盛景。从那以后，在巴塞罗那旅游局的大力推动和积极营销作用下，巴塞罗那的邮轮旅游业快速发展了起来。截至 2006 年，巴塞罗那接待的邮轮旅游者达到了 140 万人次，占到了西班牙接待邮轮旅游者总数的 53.8%，在地中海地区和西班牙占据明显的优势地位（World Tourism Organization，2010）。

二、巴塞罗那邮轮港口设施

在巴塞罗那邮轮旅游发展的初期，邮轮港口地区仅有临时搭建的小型帐篷用作海关和边检设施。后来，废旧仓库被改建成了 ABCD 四座邮轮客运大楼，客运大楼的投资极少，也仅限于基本的功能，并未针对邮轮旅游进行特殊设计。现在，巴塞罗那总共建成了七座现代化的邮轮客运大楼，新建的邮轮客运大楼参照航站楼设计，具有各种舒适完备的旅游服务设施。

三、巴塞罗那邮轮旅游经济效应

2006 年巴塞罗那针对邮轮产业的经济效应进行了研究，研究结果发现邮轮产业创造了 1.4 万个就业岗位，并为就业者每年带来 4.22 亿欧元的工薪收入。如果仅从港口税费的角度来看，邮轮总共占据了 10%~15% 的港口泊位，却只贡献了 3.5% 的港口收入（World Tourism Organization，2010）。所以，邮轮产业的经济效益要从全市乃至全国的角度来看，而不能仅仅局限于港口来看待邮轮产业的经济效益。

四、巴塞罗那邮轮旅游成功经验

（1）建立有效率的组织领导体系。巴塞罗那旅游局、邮轮港口和邮轮企业在邮轮旅游的发展过程中实现了有效的合作，提升了行政效率。巴塞罗那旅游局主管邮轮旅游和市场营销事务，而邮轮港口则主管邮轮和船员事务，各机构均将邮轮旅游作为重要任务来发展。

（2）构建城市旅游与邮轮旅游的良性互动关系。巴塞罗那的历史文化、建筑、艺术、购物、美食等特色城市旅游资源，与邮轮自身旅游资源互补，实现了城市旅游与邮轮旅游的共赢。

（3）通过城市旅游创新提升邮轮旅游的重游率。在巴塞罗那接待的邮轮旅游者中，大多数为重游的旅游者。

（4）根据邮轮产业的发展需求持续提升邮轮港口基础设施。

（5）实现了邮轮港口功能的多元化。2006 年巴塞罗那接待的邮轮旅游者中，55.6% 将巴塞罗那作为邮轮母港，44.4% 将巴塞罗那作为邮轮挂靠港（World Tourism Organization，2010）。

（6）针对不同类型的邮轮旅游者进行了市场和产品细分，例如分为城市观光、郊游、购物等旅游类型。

（7）建设国际化邮轮港口。在巴塞罗那接待的邮轮旅游者中，72.9% 的旅游者为外国人（World Tourism Organization，2010）。

（8）大力推动邮轮旅游市场营销，成功借助 1992 年奥运会提升了城市的邮轮旅游目的地形象。

第五节　阿姆斯特丹邮轮旅游发展经验

一、阿姆斯特丹邮轮港口建设背景

阿姆斯特丹是荷兰的首都以及最大的城市，也是荷兰最主要的文化和金融中心。20 世纪 70 年代以来阿姆斯特丹将城市的港口功能转移到了城市的西岸，因此重新开发城市东北部的废弃港口就成为了城市规划的重要目标。与此同时，阿姆斯特丹的旅游功能主要集中在中心城区，每到旅游旺季就拥挤不堪，而郊区的旅游业发展则相对滞后，需要建设大型项目来促进旅游业均衡发展。阿姆斯特丹邮轮港口工程就是在这样的背景下开工建设的，它是艾河发展更新项目的重要组成部分。工程从1994年开工一直延续到了2012年才完工，充分利用了原有废弃货运港口的铁路调车场、码头、仓库等设施，并且新建了邮轮客运大楼、购物中心、餐饮场所、酒店、音乐厅、写字楼、公寓等设施。阿姆斯特丹邮轮港口工程的建设目标除了促进邮轮产业发展以外，还希望能够借此改善城市中心与水岸的连接、增加公共交通使用率、提升规划土地的多元化利用程度、促进城市的多中心发展、缩小区域差距、推动建设世界旅游城市等。

二、阿姆斯特丹邮轮港口设施

阿姆斯特丹长期以来都是欧洲重要的邮轮港口，1993年接待的邮轮数就达到了108艘，但是由于缺乏现代化的邮轮港口，制约了邮轮旅游的长远发展（McCarthy et al.，2012）。阿姆斯特丹新建的邮轮港口于2000年正式运营，邮轮客运大楼的内部由三层组成，具有多元化的功能，除了接待邮轮旅游者以外，能够举办展览、商务会议和聚会。邮轮客运大楼的外部主要由玻璃组成，能够从顶楼远眺阿姆斯特丹河和城市景观。虽然对邮轮客运大楼的外观存在争议，但是它已经成为阿姆斯特丹重要的地标性建筑。表3-1为阿姆斯特丹邮轮港口主要指标。

表3-1　　　　　　　　阿姆斯特丹邮轮港口主要指标

指标	内容
建成时间	1999年
邮轮船舶限制	最大340米

指标	内容
客运大楼占地面积	6900 平方米
码头长度	600 米
邮轮与码头连接方式	300m 人行桥，2 部舷梯
最大容纳人数	3000 人
其他设施	餐馆、酒吧、游客中心、大巴车站、地下停车场
交通设施	铁路车站、地铁网络、离机场 40 分钟

资料来源：McCarthy, John Paul, Arie Romein. Cruise Passenger Terminals, Spatial Planning and Regeneration：The Cases of Amsterdam and Rotterdam ［J］. *European Planning Studies*, 2012（12）：2033 - 2052.

从交通区位来看，邮轮港口的区位条件优越，距离城市中心很近，与铁路、地铁等交通网络相连接，并且距离机场只有 40 分钟的车程。除了完善的公共交通体系以外，还有邮轮企业运营的大巴能将旅游者直接从机场运送到邮轮港口。使得阿姆斯特丹具有建成世界级邮轮母港的基础条件。2008 年阿姆斯特丹总共接待了 116 艘邮轮以及 22 万名邮轮旅游者（McCarthy et al., 2012）。

三、阿姆斯特丹邮轮港口综合功能

从城市规划战略功能来看，阿姆斯特丹邮轮港口的建设有利于提升土地利用强度、实现综合性的土地利用开发、增强水岸与城市中心的连接性。

从城市旅游业发展布局来看，阿姆斯特丹的旅游功能长期主要集中在城市中心，表现出"单中心"的旅游发展格局，通过建设邮轮港口，有利于实现城市旅游的"多中心"发展。

从城市内部功能来看，阿姆斯特丹邮轮港口是重要的地标性建筑，也是城市内部重要的功能中心、交通集散中心。

从旅游产品的多元化发展来看，阿姆斯特丹邮轮港口及周边地区已经成为全市水上游乐项目中心，每年都依托邮轮的到访举办大型的邮轮节庆活动，以邮轮旅游推动了城市旅游的发展。

第六节　墨西哥邮轮旅游发展经验

墨西哥成立了包括农业部、通信和交通部、政府管理部、财政部、海事部、环境和自然资源部、卫生部、旅游部、地方政府、商会协会、港口、旅行社、交通企业等在内的"地方邮轮委员会"，对促进邮轮发展取得了良好的效果（World Tourism Organization，2010）。"地方邮轮委员会"的功能主要包括以下十个方面。

（1）向中央和地方各级政府部门提供邮轮旅游发展的对策建议；

（2）委员会下面成立环境、城市形象、基础设施及区域联系、旅游产品开发、市场营销及推广、地方采购等专业委员会，在各自领域针对邮轮旅游发展开展工作；

（3）针对旅游目的地发展及旅游产品开发提出规划及具体实施方案；

（4）研究邮轮产业对于目的地的经济社会影响效应；

（5）提出简化政府流程以使目的地旅游行为便利化的方案；

（6）提出邮轮港口收入的优化使用方案；

（7）根据"地方邮轮委员会"的预算策划年度运营计划；

（8）促进各成员单位间争议的解决，将涉及多个政府部门的问题提交邮轮部际委员会；

（9）批准目的地的邮轮运营方案；

（10）监督并防治邮轮旅游产生的环境污染。

"地方邮轮委员会"于2004年8月7日签署了部际合作协议，主要内容包括以下五个方面。

一、协调部门间合作以改善邮轮运营

（1）协调各部门和机构间的运营以及安全管理，简化港口管理程序，以保证邮轮的便捷和安全运营，最终提升邮轮产业的竞争力。

（2）各部门间成立部际合作机构，以保障邮轮产业顺利发展。

（3）"地方邮轮委员会"主要在以下领域加强合作：港口承载力、港口运营、行政程序协调与简化、生态环境保护、卫生条件、海关、移民、检验检疫、旅游者后勤保障、休闲环境、旅游景点、购物场所、旅游安全、游客满意度等。

二、为邮轮产业有序发展奠定基础

（1）在港口总体规划中明确体现邮轮产业的未来发展需求，以保证基础设施能够适应邮轮产业的发展。

（2）编制《墨西哥邮轮港口管理规范》。

（3）在邮轮旅游目的地中实施《地方21世纪议程》，从经济、社会、环境视角促进区域经济的可持续发展。

（4）促使邮轮旅游目的地建立法律框架以有效保护自然文化遗产。

（5）在保护生态环境的前提下，通过邮轮产业推动旅游业的发展。

（6）防止邮轮污染物、废弃物对生态环境和公共卫生造成危害。

（7）为每一个邮轮港口制定并执行环境和卫生保护规划。

（8）鼓励邮轮企业对员工和旅游者开展环境保护教育。

（9）鼓励本地企业参与到邮轮旅游发展中，以邮轮产业促进地区经济发展。

（10）针对邮轮港口的安全性和基础设施发展进行评估。

（11）监测邮轮旅游目的地的游客满意度。

（12）搜集邮轮统计数据并开展相关研究。

三、实现经济和社会利益最大化

（1）提升邮轮旅游目的地对于旅游者的吸引力。

（2）增加旅游者的重游率，采取措施扩大邮轮产业对于地区经济的影响效应。

（3）针对邮轮产业、邮轮旅游景区、邮轮服务等进行市场营销，特别是针对重游旅游者重点营销。

（4）发展充分竞争、具有较高服务水准的地接旅行社。

（5）形成简便、有竞争力的港口收费机制，将收费用于筹备城市旅游发展基金以改善城市旅游基础设施和服务。

（6）邮轮企业的投资项目需要经过"地方邮轮委员会"讨论通过。

（7）与邮轮企业就城市旅游目的地发展问题开展长期性战略合作。

四、保障邮轮产业管理运营安全性

（1）监督邮轮企业在水域、港口、船舶、航线和乘客安全等方面达到墨西哥的安全卫生标准。

（2）优化安全检查流程以避免影响邮轮的自由通行和乘客的便捷旅行。

（3）在制定安全政策规范时充分考虑邮轮企业和邮轮港口的意见。

（4）在邮轮产业的卫生条件方面达到世界卫生组织等国际组织的标准。

（5）在旅游者出入境的过程中充分使用电子信息设备。

（6）联合建立起海关和边检所需要的基础设施以提升通关效率。

五、加强邮轮旅游目的地建设

（1）为不同的邮轮旅游目的地制定并执行不同的旅游发展规划，以提升各地的旅游服务质量。

（2）评估各个旅游目的地发展邮轮旅游、开展市场营销、扩大经济效益的潜力。

（3）针对邮轮停靠较少、季节性波动明显的邮轮港口制定专门的应对方案。

（4）发展邮轮船供产业、邮轮旅游产品和服务、邮轮旅游相关的基础设施。

（5）通过相应措施保证邮轮旅游目的地的可持续发展。

（6）评估邮轮母港发展对于城市旅游业的影响作用。

（7）促进邮轮旅游目的地之间的合作，共同发展适合邮轮产业的旅游产品。

第四章

城市邮轮产业发展路径

本章在总结国外著名邮轮旅游城市发展经验的基础上，研究邮轮产业对旅游城市的影响机制，并结合上海的城市旅游和邮轮产业发展特征，提出促进上海邮轮产业发展的政策建议。

第一节　国外著名邮轮旅游城市发展经验

伦敦、南安普顿、巴塞罗那、新加坡、迈阿密等国外城市既是重要的旅游城市，又是重要的邮轮港口，他们的邮轮旅游和城市旅游在发展过程中取得了许多成功经验，可供我国参考借鉴。相关经验主要集中在邮轮产业战略功能、规划布局、产业经济、政府职能四大方面：

一、邮轮产业战略功能

（一）从宏观战略层面发挥邮轮旅游综合功能

世界著名邮轮旅游城市在发展邮轮旅游的过程中，往往制定有较为长远的综合发展规划，从城市发展战略的高度来谋划邮轮旅游发展问题。考虑到邮轮旅游的产业融合特征明显、业态创新速度较快等特点，在客运大楼设计、邮轮母港区域规划等方面预留弹性增长空间，走多元化经营的道路。这样既能够适应未来邮轮产业长期扩张的需求，避免了投资浪费和重复建设，在邮轮旅游季节性波动甚至短期下降时，又能以其他方面的经营收入来弥补邮轮产业收入下滑，整合社会多方面力量来实现邮轮旅游的快速发展。以荷兰的鹿特丹和阿姆斯特丹邮轮港口为例，在以下三个方面实现了邮轮旅游的弹性多元化发展：第一，邮轮客运大楼预留了会议和展览用地，不仅可以用于商业用途，还可以举办大量旅游相关的会展活动；第二，邮轮港口周边区域实现了综合开发和多元化旅游目的地建设；第三，全市域范围内的邮轮旅游实现了与相关产业的融合发展。

　　世界著名邮轮旅游城市大多从综合性视角思考邮轮产业发展给城市带来的经济效益、社会效益和环境效益，通过发展邮轮产业来促进城市形象提升、产业结构升级以及可持续发展，而不仅仅局限于计算邮轮港口费、旅游者岸上消费等邮轮旅游的狭义经济收益。以巴塞罗那港为例，邮轮大约使用了10%～15%的港口泊位，却只贡献了3.5%的港口收入，如果只从港口费来计算，巴塞罗那港应该吸引更多货轮停靠，但是如果考虑到整座城市的收益，邮轮停靠带来的收益则要大许多（World Tourism Organization，2010）。邮轮旅游除了能给城市带来港口使用费、旅游消费、邮轮供给消费等狭义经济收益以外，还能带来扩大文化交流、促进城市形象推广、推动旅游产品多元化、促进城市就业等方面的社会收益。通过推动邮轮旅游设施向市民开放经营，构建邮轮旅游者与市民共享的生活空间，能够提升市民的生活满意度。在阿姆斯特丹和鹿特丹，巨型邮轮的到访构成了现代城市的壮美景观，发挥了增强民族自豪感、提振民族精神的功能。

（二）构建邮轮港口综合竞争力提升战略体系

邮轮旅游产业波及面较广，对于旅游城市具有战略性综合功能，因此邮轮港口综合竞争力的提升也是一项综合性的系统工程，需要旅游城市建立邮轮港口综合竞争力提升战略体系。希腊爱琴大学学者莱卡库等（Lekakou et al.，2009）在对地中海主要邮轮企业、邮轮港口、旅游城市的负责人进行大规模问卷调查和访谈后，发现欧洲邮轮母港的竞争力主要集中在港口自然特征、港口效率、城市环境等12个方面（见表4-1），欧洲较为成功的邮轮母港大都在这12个方面取得良好的业绩。

表4-1　　　　　　　　邮轮母港竞争力模型主要内容

竞争力要素	主要内容
港口自然特征	靠近邮轮航线、良好港口自然条件
靠近客源市场	与主要旅游客源市场的距离
交通基础设施	航空交通、铁路交通、高速公路、水运交通
港口基础设施	乘客登船下船设施、现代化客运大楼、停靠船舶能力
港口船舶服务	引航、拖船、燃料添加、船舶供给、船级社检验、安保服务、废物回收设施、造船和船舶维修
港口效率	港口管理效率、船舶周转时间、包裹处理效率、安检花费时间、乘客便利设施
港口管理	与邮轮企业长期合作能力、满足邮轮企业特定需求的能力、邮轮港口市场营销能力
港口服务价格	船舶服务价格、邮轮企业运营价格
港口旅客服务	地接旅行社、邮局、银行、免税店、贵宾休息室、网吧、停车场、儿童游乐场、运动健身设施、急救站、安保设施、交通换乘设施
城市旅游吸引力	旅游景点数量质量、旅游产品多样性、旅游节庆活动、港口周边旅游发展、区域旅游整合程度

竞争力要素	主要内容
城市环境	机场、火车站、公共交通、出租车、购物中心、休闲场所、餐馆、旅店、旅游信息中心、公共安全
宏观制度环境	邮轮企业优惠政策、客运大楼特许经营政策、沿海航行政策、旅游政策、宏观政策稳定性

资料来源：Lekakou，Maria B.，Athanasios A. Pallis，and George K. Vaggelas. Which Home-port in Europe：The Cruise Industry's Selection Criteria［J］. *Tourismos*，2009，4（4）：215－240.

由表4－1的邮轮母港竞争力模型可以看出，邮轮母港竞争力的提升是一项综合性工程，涉及港口硬件基础设施、软件公共服务、产业运营效率等方面。同时，邮轮母港竞争力提升也是一项系统性工程，绝非邮轮港口单个部门能够完成，也需要来自城市环境、区域合作、交通设施等多个方面的支撑与协助。建设世界著名邮轮旅游城市，需要在上述12个方面协同推进，形成邮轮母港的综合竞争力提升机制。

（三）完善邮轮旅游运营的综合组织管理体系

邮轮旅游涉及邮轮企业、旅行社、城市旅游企业、港口、交通企业等多个利益相关主体，各行业内部以及行业之间必须紧密协调配合才能保证邮轮旅游者获得良好的旅游体验、释放邮轮旅游的战略性功能、促进邮轮旅游快速发展。政府部门能够通过提供公共服务、搭建合作平台，来构建邮轮旅游发展运营的综合组织管理体系，促进各主体的合作与发展。例如，伦敦市区两个邮轮港口的码头设施属于伦敦港务局（Port of London Authority），而岸上邮轮运营和配套设施属于伦敦中心邮轮靠泊公司（London Central Cruise Moorings），两者之间缺乏有效的沟通渠道与合作平台，导致伦敦市区邮轮基础设施发展严重滞后，在有邮轮停靠时还需搭建临时性的设施。同时，伦敦市缺乏一个部门负责邮轮旅游的市场营销工作，严重制约了伦敦邮轮产业的发展。相反，墨西哥成立了包括农业部、通信和交通部、政府管理部、财政部、海事部、环境和自然资源部、卫生部、旅游部、地方政府、商会协会、港口、旅行社、交通企业等在内的"地方邮轮委员会"，对邮轮旅游的发展运营进行统一组织管理，则取得了良好的效果。墨西哥"地方邮轮委员会"的主要职能包括：（1）向中央和地方各级政府部门提供邮轮旅游发展的对策建议；（2）委员会下面成立环境、城市形象、基础设施及区域联系、旅游产品开发、市场营销及推广、地方采购等专业委员会，在各自领域针对邮轮旅游发展开展工作；（3）针对旅游目的地发展及旅游产品开发提出规划及具体实施方案；（4）研究邮轮产业对于旅游目的地的经济社会影响效应；（5）提出简化政府流程以使邮轮旅游行为更为便利化的方案；（6）提出邮轮港口收入的优化使用方案；（7）根据"地方邮轮委员会"的预算策划年度运营计划；（8）促进各成员单位间争议的解决，将涉及多个政府部门的问题提交邮轮部际委员会；（9）批准旅游目的地的邮轮运营方案；（10）监督并防治邮轮旅游产生的环境污染。

（四）充分评估邮轮旅游可能引致的负面影响

邮轮旅游是一个特殊的旅游行业，既有旅游业的一般特征，也有诸多显著特性。世界著名邮轮旅游城市在研究邮轮旅游对城市的影响效应时，充分考虑到邮轮旅游的特殊性，理性评估邮轮旅游的实际效益，考虑其可能给城市经济、社会和生态带来的负面成本，以避免邮轮旅游发展过程中的盲目倾向。

邮轮企业具有典型的资本密集型特征，产业进入门槛较高、管理运营技术含量较大、知识的积累效应明显，因此邮轮产业的集中度较高，世界顶尖的邮轮企业主要为少数几个欧美企业。相反，各旅游城市在发展邮轮旅游的过程中，往往具有冲动发展、盲目投资、重复建设的倾向，且港口之间缺乏有效的组织合作，导致了邮轮港口数量趋于过剩。邮轮港口投资一旦落地就形成了沉没成本，而邮轮则具有较强的流动性，这就导致邮轮企业具有较强的话语权，在与邮轮港口的谈判和城市旅游目的地的竞争过程中获取了较大利益。

旅游城市在做出发展邮轮旅游决策时，所依据的邮轮旅游消费数据往往是由邮轮企业所提供的，但是从各城市的发展经验来看，邮轮企业可能会夸大邮轮旅游消费数据以强调邮轮旅游重要性、鼓励政府扩大投资。在实际发生的邮轮旅游消费中，大多数邮轮因挂有方便旗而免除了大部分税收，邮轮企业通过纵向产业链整合、收取岸上旅游的佣金和回扣等方式，又获得了大部分岸上旅游的营业盈余。因此，城市从邮轮旅游发展所能够获得的利益可能远远小于邮轮企业所做出的乐观估计。随着邮轮旅游从精英化向大众化发展，人均邮轮旅游消费可能会进一步降低，邮轮企业将会进一步压低票价并通过船上消费、收取佣金回扣等方式来增加收入，进而进一步挤占岸上旅游和相关企业的利润空间。邮轮企业在获取大量利润的同时，港口基础设施、城市公共交通、城市旅游景点维护、城市公共服务、生态环境破坏等成本却需要由旅游城市来承担，造成了旅游城市从邮轮旅游中获得的收益与成本并不匹配。在加勒比海的许多邮轮港口，"有游客却没收入、有收入却没效益"的情况相当普遍，甚至收回邮轮港口的投资都相当困难。

邮轮实质上是可移动的综合性旅游目的地，具有较为完备的旅游观光和休闲娱乐设施，因此与城市旅游目的地存在天然的竞争关系。在较为理想的情况下，邮轮与城市目的地能够相互支持、共赢发展，在邮轮港口作为母港时，旅游者能够在邮轮出发前或者返回后在城市停留 1~2 日，进行较为深入的城市旅游，在邮轮港口作为访问港时，旅游者能够在有限的时间内进行一日游。但是，在相对不理想的情况下，旅游者仅把邮轮母港当作中转枢纽，在邮轮旅游前后较少在城市停留，邮轮港口作为访问港也较少有邮轮停靠或者有乘客下船游览，这样邮轮旅游不仅没有给城市目的地带来较多正面效益，反而替代了旅游者原本可能在城市目的地进行的旅游休闲消费，对城市旅游带来了负面冲击。

邮轮旅游总体上属于度假经济，需求的季节性波动明显，受经济形势和宏观事件的影响较大。例如，如果邮轮旅游旺季与传统旅游旺季重合，可能会在旅游城市的主要旅游景区景点造成拥堵，严重影响游客满意度。如果邮轮旅游需求短期回落，又会造成邮轮港口和大量配套设施闲置，增加相关人员失业，产生严重的社会问题。世界著名邮轮旅游城市大多充分考虑到邮轮产业的需求波动特性，并建立了邮轮旅游的风险防范机制。很多邮轮港口在以其为母港的邮轮突然转港后面临巨大冲击，这种情况可以通过邮轮港口与邮轮企业签订长期合同并保证最低游客数来避免。长远来看，邮轮旅游的需求波动可以通过游客来源多元化、邮轮航线多元化、邮轮企业多元化、邮轮港口和配套设施多元化使用、邮轮旅游与城市旅游产品互补发展等策略来应对。

二、邮轮产业规划布局

（一）推动邮轮港口的区域化发展

一国或者一个区域内部往往有多个邮轮港口，在现代大交通体系发展的背景下，这些邮轮港口间会具有一定的可替代性。邮轮产业由于具有较高的进入门槛，因此出现了寡头垄断的特征，产业集中度远远高于邮轮港口。在这种格局下，邮轮企业常常会将各个邮轮港口置于相互竞争的位置而谋取利益。例如，加勒比海各国邮轮港口间缺乏有效的合作机制，导致他们为了吸引邮轮企业入驻而竞相放宽停靠条件、降低港口收费、减免各项税收、免费建设港口设施，最终这种恶性竞争使得各邮轮港口的利益都受到损害。因此，在邮轮企业为垄断寡头的背景下，世界著名邮轮旅游城市开始推行邮轮港口区域化发展的战略。

邮轮港口的区域化发展主要包括两方面的内容：首先，区域化是指同一水域、港口、港湾、河流的两个或多个港口联合起来，建立强有力的合作组织机制，从更高的层次统筹规划邮轮旅游的发展，共享港口资源和协调投资行为，共同推行实施市场营销方案，合理调控和分配邮轮旅游者，能够缓解短期大量游客涌入对港口造成的冲击，增强相对于强势邮轮企业的话语权，最终实现邮轮港口之间的可持续发展。国际上已经有了很多邮轮港口组织的成功案例，例如，法国里维埃拉邮轮俱乐部（The French Riviera Cruise Club）将戛纳、尼斯、滨海自由城（Ville-franche – sur – Mer）等邮轮港口整合到统一品牌"蓝色海岸"（Côte d'Azur）下，为邮轮企业提供相关的产业信息，并统一开发岸上旅游产品，取得了良好的成效。巴塞罗那港周边 100 千米范围内还有塔拉戈纳、帕拉莫斯两个主要邮轮港口，巴塞罗那是邮轮旅游者的必经之地，但是在旺季的时候邮轮港口吞吐能力不足，景区面临拥堵问题，需要向外疏散旅游者。塔拉戈纳的一些次级旅游景区有待发展，吸引巴塞罗那的旅游者是最为直接有效的手段。帕拉莫斯的旅游资源相对较少，但是具有优越的交通条件，能够为巴塞罗那邮轮港口提供分流作用。可见，三个邮轮港口合作能够给各自带来巨大效益，现在各方正在积极破解区域合作的制度障碍，力图构建综合性的加泰罗尼亚地区邮轮港口合作组织。

其次，邮轮港口区域化鼓励港口与其腹地的旅游产业供应链更为紧密地整合。邮轮港口通过扩大腹地范围、增强区域联系，能够为邮轮旅游者提供更为多元化的旅游目的地选择，为邮轮企业的多元化运营提供更为广阔的空间，还能够缓解大量旅游者涌入对单个旅游城市造成的短期压力，促进腹地的旅游资源开发和区域经济发展，最终实现整个区域旅游业的均衡发展。

（二）构建城市内部邮轮港口体系

为了适应不同档次客源市场的需求，开发多元化的邮轮旅游产品，世界著名邮轮旅游城市内部及周边地区大多都建成了多元化的邮轮港口体系，实现了邮轮旅游业的综合性发展。这种多元化既体现在单个邮轮港口的多元化功能上，又体现在城市或区域内部的多元化邮轮港口体系上。

首先，世界著名邮轮旅游城市的邮轮港口具有多元化的港口功能。阿姆斯特丹、波士顿、悉尼、伦敦、威尼斯等既是重要的邮轮母港，又是重要的邮轮访问港。

母港旅游者在邮轮港口停留较长时间，需要使用航空、高铁等大交通基础设施，在邮轮旅游开始前或结束后还往往会在旅游城市停留 1 ~ 2 天，能够进行较为深度的城市旅游，在当地的旅游消费大约是访问港旅游者的 4 倍，但也对城市的接待能力提出了更高要求。访问港旅游者在邮轮港口停留时间较短，一般在 6 ~ 17 个小时之间，主要在港口周边的旅游景点进行一日游，产生的旅游消费金额相对较少，但对城市接待能力的压力也较低。实现邮轮母港和访问港的协同发展，有利于旅游城市开发多元化的旅游产品，实现城市基础设施和旅游产品的共同发展。例如，南安普敦是英国最大的邮轮港口，2019 年接待了 180.7 万邮轮旅游者[①]（CLIA，2022），但是它并未局限在邮轮母港领域发挥功能，而是实现了作为邮轮母港和邮轮访问港的共同发展。南安普敦既是冠达邮轮公司、英国嘉年华邮轮公司的邮轮母港，又是皇家加勒比等邮轮公司的邮轮访问港，实现了城市邮轮港口功能的多元化发展。2023 年以巴塞罗那作为访问港接待邮轮旅游者占到邮轮旅游者总数的 46.6%（MedCruise，2024）。

---

① 包括母港出境旅游者、母港入境旅游者、访问港旅游者。

其次，世界著名邮轮旅游城市往往具有多个邮轮港口。为了适应邮轮母港和访问港的不同功能，世界著名邮轮旅游城市在城市内部或者结合周边区域形成了多元化的邮轮港口体系。以伦敦为例，在伦敦市中心泰晤士河沿岸有两个邮轮访问港，为到伦敦市中心游览的旅游者服务。上塔桥港（Tower Bridge Upper）位于伦敦地标性建筑塔桥上游，能够为游客提供穿越伦敦塔桥的独特旅游体验，但是受河岸限制只能停靠 158 米长的邮轮，主要服务于高端邮轮市场。格林威治港（Greenwich Ship Tier）位于上塔桥港的下游 5 千米处，伦敦金融区的金丝雀码头对面，本身也是世界文化遗产，能够停靠 240 米长的邮轮，同样服务于高端市场。这两个港口就位于城市中心，能够给游客提供城市旅游的独特体验，但是缺乏邮轮港口配套设施，在邮轮停靠时以搭建临时设施的方式解决，接待能力极为有限，只能满足小部分游客的高端需求。为了满足大众邮轮旅游者游览伦敦的需求，以及以伦敦作为邮轮母港的外出旅游需求，英国在伦敦市中心沿泰晤士河下游 23 千米处建设了蒂尔博里（Tilbury）邮轮港口，它配置有相对完善的邮轮港口设施，并且能够停靠长度达 348 米的邮轮（Cruise Europe，2024）。蒂尔博里港具有便捷的交通设施，能够快速与航空、铁路等大交通网络连接，是从伦敦出发的主要邮轮母港，但是由于距离伦敦市中心较远，港口周边旅游景点较少，作为访问港的吸引力相对有限。伦敦的三个邮轮港口都位于泰晤士河沿岸，还能够通过泰晤士河上的游船实现互通，共同构成完善的邮轮港口体系。

（三）邮轮旅游融入城市总体规划

世界著名旅游城市在发展邮轮旅游的过程中，很少孤立地规划邮轮港口和配套基础设施发展，而是将邮轮旅游纳入城市整体规划与发展战略的框架，以邮轮旅游来推动城市均衡发展、实现城市更新，发挥邮轮旅游的战略功能。

从城市规划的宏观层面来看，邮轮旅游发展能够促进城市形成新的增长极、促进城市的多中心发展。例如，荷兰阿姆斯特丹具有"单中心"的城市形态，城市中心的传统旅游区经过多年的发展，呈现出单功能的特征，并有过度拥堵的趋势。通过发展邮轮旅游，能够在城市中心之外构建新的旅游增长极，通过旅游中心之间的基础设施和旅游廊道建设，能够带动整个区域的旅游产业均衡发展。鹿特丹港在通过邮轮港口形成新的增长中心的同时，又通过邮轮廊道、公共交通设施等将各中心、港口与内城、郊区与市中心等联系起来，最终实现城市一体化、多中心增长的目标。

从城市规划的微观层面来看，将邮轮旅游发展与城市的水岸开发、城市更新、旅游开发联系起来，能够实现城市土地的强化利用，土地功能的多元化开发利用，港口历史文化遗迹的保护性开发，并缩短水岸与城市中心的距离。世界著名旅游城市的邮轮港口及周边区域大多是综合性的旅游目的地，建设有多元化的旅游产品以及配套服务设施，不仅仅为邮轮旅游服务，而且还成为了城市重要的旅游景区。例如，阿姆斯特丹邮轮港口周边已经成为了以水景为主题的旅游项目聚集地，具有多个旅游景点，并且常年策划航海旅游节庆活动。马耳他的瓦莱塔邮轮港口建设项目，除了客运大楼以外，还配套建设了一个购物中心、一个文化旅游综合体、一个水景广场，成为了综合性的旅游目的地。世界著名旅游城市的邮轮港口周边区域也不仅仅为游客服务，而是建成了游客与市民共享的生活空间。例如，阿姆斯特丹和鹿特丹的邮轮港口周边区域都实现了综合性、多功能的开发，配套建设了居民公寓、酒店、写字楼、酒吧、咖啡馆等设施，与城市更新实现了有效整合，邮轮港口周边区域已经成为普通市民开展休闲聚会活动的重要场所。既让邮轮旅游发展获得了普通市民的支持，又以市民的需求市场支撑起了邮轮旅游设施的建设和运营，最终实现了旅游发展与城市发展的双赢。

从邮轮港口的具体建设来看，世界著名旅游城市的邮轮港口以及客运大楼大多具有鲜明的时代特征和城市形象，成为了城市的地标性建筑和靓丽新景观。邮轮旅游客运大楼除了具有基本的游客集散功能以外，有的还具有会议、展览、零售、音乐厅、剧院、娱乐等多元化功能，这些功能随邮轮旅游者规模增减而弹性转变，既为邮轮设施的运营增添了新的收入来源，又在邮轮旅游淡季稳定了营业收入，还为周边市民提供了休闲活动场所，实现了旅游服务、商业服务、市民服务的统一。

三、邮轮产业经济发展

（一）提升邮轮产业经济战略性地位

世界著名邮轮旅游城市将邮轮产业当作战略性产业来发展，通过邮轮产业链的横向扩张和纵向延伸，构建起了综合性大邮轮产业体系，实现了以邮轮产业带动城市经济的综合发展。

邮轮产业的经济拉动能力极强，能够带动旅游、石化、船舶、食品、日用品、交通、酒店、娱乐、广告、咨询等产业的发展。根据纽约市经济发展局（New York City Economic Development Corporation）下属纽约邮轮港的调查，纽约市 2017 年的邮轮经济总和效应达到 2.28 亿美元，其中旅游者和船员的直接消费就达到了 1.71 亿美元（NYCruise，2018）。根据联合国贸易和发展会议的研究，迈阿密 2000 年的邮轮产业总和经济效应已超过 80 亿美元，并创造了 4.5 万个就业岗位（Wright，2001）。邮轮带来的经济收入，不仅局限于邮轮旅游者的消费，还包括本地船员的工资、全体船员消费、邮轮物资采购带来的经济效益等。国际邮轮企业协会（CLIA）构建了邮轮产业经济效应的分析框架，他们认为邮轮产业所产生的直接经济效益主要来源于以下五个方面：（1）旅游者与船员因为邮轮旅游而产生的商品和服务消费，包括到达邮轮港口的交通费、邮轮旅游之前与之后的旅游消费、岸上旅游消费、餐饮购物消费等；（2）邮轮企业为了维持邮轮运营而产生的消费，包括食品饮料、燃料、邮轮维护修理、邮轮供给、造船等；（3）邮轮企业接受港口服务所产生的消费；（4）邮轮企业维持管理运营而在岸上所雇用的员工；（5）为发展邮轮旅游而发生的邮轮港口、客运大楼、办公楼等投资。

邮轮产业产生的直接经济效益通过乘数效应扩散到了经济体的各个行业，形成邮轮产业的间接经济效益和引致经济效益，三者共同构成邮轮产业的总和经济效益。一般而言，旅游城市的经济结构越复杂多元，经济乘数效应越显著。从邮轮产业发展过程中受益较为明显的产业主要包括航空运输、旅游中介、广告、食品加工、船舶维护修理、炼油、商务服务和批发。世界著名邮轮旅游城市在积极服务邮轮旅游者的同时，也极为重视为邮轮船员提供服务、发展邮轮供给产业、完善邮轮港口服务、增加邮轮设施投资、打造邮轮企业总部经济，最终实现综合的邮轮经济。例如，嘉年华、皇家加勒比、挪威邮轮等世界前三大邮轮企业都将总部布局到了迈阿密，这三大企业在当地雇用了 1.4 万名员工，占到了全国邮轮企业员工数的 54%（Wright，2001）。迈阿密不仅是世界上最大的邮轮母港，也几乎是邮轮产业体系各个要素的中心，是名副其实的"世界邮轮之都"。2016 年邮轮产业为迈阿密带来的总和经济产出为44.5 亿美元，总共创造了 2.95 万个就业岗位，缴纳了 1.82 亿美元税收（PortMiami，2017）。

除了经济效应，世界著名邮轮旅游城市还重视邮轮旅游发展带来的扩大文化交流、促进城市形象推广、推动旅游产品多元化、促进城市就业等社会效应。如果邮轮企业的总部或区域分部能够在城市落户，还有利于形成邮轮产业的总部经济，促进邮轮企业和旅游企业集群发展，甚至成为全市的支柱产业。

（二）构建与旅游城市良性竞合关系

邮轮本身就是一个综合性的旅游目的地，包含了餐饮、购物、住宿、娱乐、交通、休闲等主要旅游业态，与同样作为旅游目的地的旅游城市具有天然的竞争关系。但是，邮轮产业具有的特征与发展趋势常常导致邮轮企业在与旅游城市的竞争过程中具有更强的话语权：第一，邮轮产业是资本密集型的产业，一艘邮轮动辄需要数十亿美元的投资，普通企业难以进入。而且邮轮产业对于管理运营经验知识存量的依赖明显，普通企业需要较长时间进行积累。因此邮轮产业的进入门槛较高，现在全球邮轮市场仅由少数几家寡头进行垄断，而且邮轮产业内部的兼并整合还在不断推进，各大企业均在推行国际化发展战略，全球产业集中度有持续提高的趋势；第二，在邮轮产业集中度不断提升的同时，随着世界邮轮产业进入快速增长期，规划建设邮轮港口的旅游城市越来越多，邮轮港口的集中程度趋于下降，且港口之间缺乏有效的合作组织以抗衡邮轮企业，导致邮轮企业压低港口费用，且针对岸上旅游企业征收高额的回扣或佣金，最高时能达到岸上旅游消费的90%；第三，邮轮产业在行业内部不断横向整合的同时，也在持续推进前向后向产业链的纵向整合，其中既有保障邮轮旅游服务质量的考虑，也有获取更大利益的动机。邮轮企业开始越来越多地进入到了邮轮港口开发运营、旅游景区景点建设、岸上旅游产品运营等旅游城市的传统优势领域，或者通过邮轮产品直销等方式绕开旅行社等中介组织，邮轮产业链中利润率最高的环节逐步向邮轮企业集中；第四，旅游者登上全封闭的邮轮以后，就具有了"被俘获消费者"特征，难以消费到邮轮企业所提供产品以外的替代产品。与此同时，随着邮轮企业之间的竞争趋于激烈，并且邮轮旅游进入大众消费时代，邮轮企业纷纷压低邮轮票价，而从旅游者的船上消费中获取更多的利润，现在旅游者在邮轮上的消费大致贡献了邮轮企业净利润的24%（Klein，2009）。在旅游者消费预算一定的前提下，船上消费的增加必然导致旅游者在目的地的消费减少。因此，邮轮旅游常常会出现"飞地旅游效应"，也就是旅游者虽然在岸上旅游，但是却一直处于邮轮企业的掌控之中，难以接触到旅游城市的各种产品业态，给城市旅游产业发展创造的机会较少，却给旅游城市带来了拥堵、污染等负面问题。邮轮企业通过悬挂方便旗等方式，将大量税收转移到了国外，留给旅游城市的税收较少。

但是，邮轮产业与旅游城市又必然存在合作关系，没有邮轮港口也就不存在邮轮产业。从表4-2可以看出，目的地是邮轮旅游者在做出出游决策时最为重视的因素，是邮轮旅游产品的核心。邮轮企业需要旅游城市来提供港口服务、交通基础设施、接待住宿设施、旅游景区景点、旅游公共服务等。没有旅游城市的有效配合，邮轮企业难以开发有竞争力的旅游产品并保证旅游全程的服务质量。旅游城市也需要邮轮企业来扩大城市的旅游业规模，带动城市的邮轮经济发展，促进城市形象提升和城市经济发展。因此，邮轮产业与旅游城市之间存在着复杂的竞争合作关系，他们相互依存紧密共生，但又互相竞争存在利益冲突。

表4-2　　　　邮轮旅游者选择目的地或邮轮产品的主要决策因素

因素	普通旅游者	邮轮旅游者	邮轮旅游类别		
			奢华	高端	大众
目的地	8.3	8.1	7.6	8.1	8.1
价格	6.6	6.8	6.7	6.8	6.9
休闲活动	6.2	6.4	6.4	6.3	6.5
独特体验	5.9	5.8	6.6	5.3	5.9
休闲时间匹配	5.6	6.1	5.8	6.4	6.2
舒适度	5.8	6.0	6.3	6.0	6.1
特定产品偏好	4.8	5.9	6.6	6.1	6.1
亲子旅游项目	4.1	4.0	3.6	3.7	4.1

注：表内数值越高代表影响程度越高，数值越低代表影响程度越低。

资料来源：CLIA. *Cruise Lines International Association* 2011 *Cruise Market Profile Study* ［R］. Washington DC：CLIA，2011.

世界著名邮轮旅游城市大多通过各种方式建立了邮轮产业与旅游城市的良性竞争合作关系，使得各利益主体能够有效地合作，并能从邮轮旅游的快速发展中获得合理的利益。在建立这种有效竞合机制的过程中，需要政府部门建立包含邮轮企业、本地旅游企业、港口、交通企业等各利益相关者的合作框架，采取积极措施来协调各方利益。例如，墨西哥作为世界最大的邮轮旅游目的地，成立了包含相关政府部门、产业协会、港口、旅游企业、交通企业等在内的地方邮轮委员会（The Local Cruise Committee），以加强邮轮企业、地方企业、政府部门之间的协调合作。意大利那不勒斯的市政府、地方商会与地中海邮轮公司（MSC Cruises）共同发起了"享受那不勒斯"行动，地方旅游企业与邮轮企业共同推出城市旅游与邮轮旅游的捆绑产品，政府协助解决邮轮企业泊位不足的问题，并协助重点旅游产品的市场营销工作。

世界著名邮轮旅游城市在处理邮轮产业与旅游城市的竞争关系时，为了增强谈判过程中的话语权，保障旅游城市能从邮轮旅游发展中获取合理利益，一般重点把握住了以下四方面的原则：

第一，考虑港口、本地旅游企业与邮轮企业竞争合作关系时，充分考虑到自身作为独特旅游目的地的核心优势和不可替代性，考虑到旅游城市在邮轮旅游产业链中至关重要的地位，不能为了吸引邮轮企业入驻而低水平竞争，避免邮轮企业获取不合理优势而对地方旅游业发展产生阻碍作用。

第二，在计算邮轮旅游发展的各项税收和费用时，充分估计到邮轮旅游带来的各种成本，包括基础设施成本、间接导致的成本、提供城市旅游产品的成本，充分估计到邮轮旅游可能对各主体利益造成的损失，并对利益相关者进行合理补偿。

第三，积极扶持本地邮轮企业和旅游企业发展，增强本地旅游企业的话语权，以保证本地旅游企业在发展邮轮旅游时不会受到不公正对待，能够获取与发展传统旅游同等的收益。

第四，邮轮港口具有基础设施的特性，正常的投资运营需要长期保证一个最低使用量。政府应该协助邮轮港口与邮轮企业签订长期的最低需求合同，以免被邮轮企业以撤销航线、降低船舶停靠数等相威胁。

（三）打造互补创新型城市旅游产品

邮轮旅游是极具创新性的旅游产品，邮轮企业依靠持续的旅游产品创新，来保证邮轮旅游的重游率。这种邮轮产品的创新既包括邮轮航线和停靠目的地体系的创新，也包括邮轮船体及船上旅游产品的创新。

从邮轮航线创新来看，不同的邮轮航线代表着全新的邮轮产品，邮轮旅游者在不同的目的地能够获得截然不同的旅游体验。因此，邮轮企业热衷于持续寻找新的邮轮港口，以此开发新的邮轮旅游产品体系。但是，对于邮轮旅游者而言，针对同一个邮轮旅游城市的重游率却相对较低。有研究显示，邮轮旅游的满意度与城市旅游的重游率存在负相关的关系，也就是说邮轮旅游者在某一个旅游城市玩得越尽兴，他在未来也越不会乘坐邮轮到该城市再次旅游，而更愿意选择游览新的邮轮旅游城市。现在，我国邮轮产业发展处于初期阶段，邮轮旅游者的首次游览率比较高，面对着迅速扩张的邮轮旅游市场，邮轮旅游城市重游率较低的负面影响并没有显现出来。随着邮轮旅游市场进一步成熟，邮轮旅游者的首次游览率逐步降低，邮轮产业快速增长而单个邮轮旅游城市出现衰退的情况将会逐步出现，要求城市创新旅游产品以增强作为邮轮旅游目的地的吸引力。

从邮轮自身旅游产品创新来看，邮轮作为一个旅游目的地，呈现出邮轮体量越来越大、目的地建设越来越完善的趋势。2004 年首航的冠达邮轮玛丽皇后 2 号（Queen Mary 2）总吨位为 150000GT，总长 345 米，能搭载 2671 名乘客[①]。2024 年首航的皇家加勒比邮轮海洋标志号

---

① 冠达邮轮，https：//www.cunard.com/en－us/cruise－ships/queen－mary－2/9。

（Icon of the Seas）总吨位达 248663GT，总长 364 米，能搭载 5610 名乘客[1]。海洋标志号上具有主题餐厅、咖啡厅、酒吧、免税购物街、水上乐园、密室逃脱、博彩中心、会议中心、健身中心、运动场、慢跑道、攀岩墙、水上剧场、迷你高尔夫球场等完善的休闲娱乐设施，已经具有了综合型旅游目的地的主要特征，就像浮动的拉斯维加斯或迪斯尼乐园，在此发展趋势下，邮轮目的地与旅游城市目的地的同质性增强，邮轮企业能够很容易地将旅游城市的餐饮、购物、娱乐、文化等旅游产品整合纳入自身的船上目的地，并提供多种激励机制和促销手段来鼓励旅游者在船上购买旅游产品，相应地旅游城市对于旅游者的吸引力则减弱。对于普通旅游者而言，度假时间和预算是有限的，选择邮轮旅游就意味着相应地放弃了城市旅游，邮轮旅游对城市旅游产生了"替代效应"。对于邮轮旅游者而言，很有可能将邮轮作为唯一的目的地，近年来选择不上岸的邮轮旅游者比重有逐步上升的趋势，邮轮"公海游"成为新的发展方向，减少了旅游者在邮轮访问城市的消费。在此发展趋势下，如果城市旅游的创新速度跟不上邮轮旅游的创新速度，旅游城市的长远竞争力有被削弱的风险，可能会因邮轮的快速发展而边缘化。

因此，世界著名邮轮旅游城市大多着眼于建设与邮轮旅游互补的城市旅游产品体系，两者形成协调的产业创新步伐，将邮轮旅游看作旅游城市发展的推动力，而绝非是城市旅游的替代品。城市旅游应该与邮轮旅游实现错位发展，重点发展具有城市文化内涵、鲜明特征、且不能被邮轮所替代的旅游产品，包括历史街区、都市观光、特色节庆、民俗文化、人文景观等。邮轮旅游者的消费主要集中在邮轮港口附近，美国佛罗里达州在各邮轮港口周边配套建设城市旅游景区，包括在迈阿密邮轮港口周边的"Art Deco"装饰艺术区、在基维斯特邮轮港口周边的马洛

---

[1]　皇家加勒比邮轮，https：//www. royalcaribbeanpresscenter. com/fact － sheet/35/icon － of － the － seas。

里广场和杜鲁门海滨、在卡纳维拉尔港周边的罗恩乔恩冲浪主题商店，全都成为了与邮轮旅游产品互补共赢的优秀城市旅游产品。

（四）创新邮轮港口市场化运营方式

邮轮旅游发展对邮轮基础设施的建设提出了更高的要求，而邮轮港口是邮轮基础设施的最主要组成部分。邮轮旅游对港口的更高要求主要表现在以下两个方面：首先，邮轮产业是极具创新性的产业，邮轮及相关旅游产品的更新换代速度较快，客观上要求配套的港口基础设施也随之快速发展，实现港口的动态投资；其次，邮轮旅游是以休闲度假为目的的旅游产品，旅游者对邮轮旅游全环节的环境、设施、服务质量等均有较高要求，要求旅游各环节实现无缝链接，邮轮客运港口与货运港口相比必须更加重视硬件设施的舒适性以及软件服务的人性化。

从传统的港口投资运营模式来看，一般而言，港口作为重要基础设施具有一定程度的国有化背景，并且直接参与到码头及客运大楼的投资和运营中。但是，对于邮轮港口而言，传统的港口投资运营模式未必适合于邮轮旅游的发展需要：首先，国有港口的投融资能力相对有限，难以承担邮轮港口的大规模动态投资；其次，国有港口的商业化服务能力有限，难以满足邮轮港口的舒适性及游客满意度要求；最后，邮轮港口在与邮轮企业合作的过程中往往处于弱势地位，导致其难以获得足够的收入来收回投资并弥补运营成本，缺乏维持邮轮港口长期投资运营的能力。因此，虽然世界上主要的邮轮港口仍以国有背景为主，一些大型邮轮港口已经在探索创新邮轮港口的投资运营模式，推动产权私有化、引入竞争、加强管制等方面的改革。

美国的邮轮港口主要有三种管理运营模式，大部分美国东海岸的邮轮港口都直接管理和运营邮轮客运大楼，以洛杉矶港为代表的西海岸邮轮港口则将邮轮客运大楼私有化并由专门的企业管理运营，少数邮轮港口仅将停车场、物业、维修、安保等部分功能向私有企业外包。在地中海和北欧的 60 个主要邮轮港口中，40 个（66.7%）主要由政府所有并管理运营，13 个（21.7%）由政府所有并由私有企业特许经营，7 个（11.7%）由私有企业全部或部分所有并管理运营。在这 7 个不同程度私有化的邮轮港口中，就包括了巴塞罗那、那不勒斯、奇维塔韦基亚（罗马）等重要邮轮港口。以巴塞罗那邮轮港口为例，它成立了合资的客运大楼管理公司（Creuers del Port），负责管理运营全市 7 座邮轮客运大楼中的 5 座，其中港口拥有 20% 的股份，其余股份则由私人投资商拥有。其余的 2 座邮轮客运大楼则由歌诗达邮轮公司独资兴建，作为邮轮企业垂直整合战略的一部分（Gui et al.，2011）。通过邮轮港口或者客运大楼的私有化，特别是以邮轮企业为主体的私有化，能够增强旅游服务效率、促进各旅游环节的无缝衔接、推动邮轮港口的多元化经营、提升游客满意度，但是也可能赋予了邮轮企业过大的话语权，削减了当地旅游企业从邮轮旅游发展中获取的利益。因此，邮轮旅游基础设施的投资运营模式在创新过程中需要提升效率，既需要引入竞争以破除垄断保证公平，也需要建立各港口之间的协调运营机制。

四、邮轮产业政府职能

（一）重视邮轮旅游硬件基础设施建设

世界著名邮轮旅游城市大多具有较为完善的邮轮旅游基础设施体系，其中又以交通和港口基础设施最为重要。对于邮轮母港而言，航空、高铁、高速公路等大型交通基础设施至关重要，需要将邮轮母港接入大型交通网络，方便来自全国甚至全世界的旅游者快捷到达邮轮港口。对于邮轮访问港而言，连接邮轮港口、城市中心、区域内主要景区景点的城市交通网络体系则更为重要，有利于旅游者在有限的邮轮停靠时间内享受丰富的岸上旅游产品。对于能够中途灵活登船的访问港而言，大型交通网络的支撑也至关重要。

一般而言，迈阿密、纽约、南安普敦、伦敦等世界著名邮轮旅游城市都已经建成较为完善的航空、高速公路、铁路等大型交通基础设施。例如，迈阿密作为"国际邮轮之都"、世界最大的邮轮母港，交通非常便捷，拥有"迈阿密国际机场"（MIA）和"劳德代尔堡-好莱坞国际机场"（FLL）两座大型国际机场。两座机场在2022年总计接待了3900万国内外旅客[1]，特别是迈阿密国际机场与全世界64个国家建立了1055条航线[2]，便捷的机场—港口运输系统帮助迈阿密的邮轮产业不断发展。世界著名邮轮旅游城市还应有便捷的城市交通设施连接大型交通枢纽和邮轮港口。例如，英国南安普敦的邮轮港口距离火车站仅有1.6千米[3]，火车又将机场与邮轮港口联系了起来。除了便捷的公共交通以外，针对行李较多、行动不便的邮轮旅游者，世界著名邮轮旅游城市还应提供无障碍交通设施，以及出租车等多元化的公共交通服务。例如，阿姆斯特丹的邮轮港口有火车、有轨电车、出租车、大巴等多元化的交通接驳方式。

邮轮港口在承担访问港功能时，应该与城市中心、主要旅游景区景点便捷联系，以便于旅游者快速集散。伦敦市区的上塔桥和格林威治两个邮轮访问港缺乏必要的邮轮配套设施，接待旅游者的能力有限，而距离伦敦最近的蒂尔博里（Tilbury）邮轮母港虽然规模较大，但是由于伦敦市区及周边区域的交通拥堵问题，旅游者在蒂尔博里上岸后难以在10小时的停靠时间内有效游览伦敦，导致在蒂尔博里港停靠的邮轮越来越少。邮轮选择在哈里奇、南安普敦、多佛等港口停靠后游览周边景区，阻碍了伦敦的邮轮旅游发展。阿姆斯特丹通过将邮轮港口建在城市

---

① 作者查询"https：//www.americanairportguide.com"网站统计数据后计算得出。

② 美国机场指南，https：//www.americanairportguide.com/mia/airport-statistics.htm。

③ 作者依据百度地图软件测距得出。

中心附近，有效地解决了连接邮轮港口与城市中心的交通问题，旅游者步行10分钟就能抵达城市中心，也避免了乘坐交通工具进而加剧交通拥堵的问题。

世界著名邮轮旅游城市一般也都建有较为完备的港口基础设施，以保障邮轮旅游的顺利发展。例如，迈阿密港于1999年投资7600万美元完成了对两座邮轮客运大楼的翻新工作，使得客运大楼的总面积扩大到了2.3万平方米，建立了类似机场航站楼的行李传运系统，增加了VIP包房、航空售票柜台、租车柜台等，能够同时停下730辆车并接待4000名乘客（Wright，2001）。旅游者能够在候船大厅里舒适地享受到各种休闲娱乐服务，为邮轮旅游全程满意度的提升奠定了基础。美国卡纳维拉尔港的客运大楼包括购物中心、休闲娱乐中心和社区文化中心，旅游者能够方便地享受到各种休闲商业服务，并且对本地区的特色文化以及特色旅游资源产生初步了解。相反，伦敦市中心的两个邮轮访问港缺少固定的邮轮港口设施，每次邮轮停靠都需要搭建临时性的设施，导致邮轮港口的运营成本很高，难以保障旅游者在邮轮旅游全程中的满意度，也无法搭建无障碍通道，长远看来已经影响了伦敦作为世界城市的形象，也阻碍了邮轮旅游的发展。

（二）推动邮轮旅游软件服务质量提升

邮轮旅游是一种享受性的休闲度假活动，邮轮旅游者对于旅游服务质量的要求较高。世界著名邮轮旅游城市大多具有提高邮轮旅游服务质量的保障机制，以提升旅游者在全过程中的游客满意度。邮轮旅游者既要在邮轮这个封闭的空间内休闲娱乐，又要在城市这个开放的空间内参观游览，因此提升邮轮旅游的服务质量是一项综合性的系统工程，需要政府、邮轮企业、旅行社、地方旅游企业、交通企业、行业协会等各方面的密切配合。这个过程中既需要邮轮企业提高船上服务质量，又需要政府提供优质的城市公共服务，还需要相关企业做好邮轮旅游各环节的协调和无缝衔接工作。例如，迈阿密就实现了交通枢纽、城市旅游和邮轮旅游的无缝衔接。购买了航空—邮轮联票并在迈阿密港登船的邮轮旅游者，他们在出发城市的机场交运行李以后就无须再操心行李转运问题，进入预订的邮轮房间后能够看到自己的行李。旅游者在结束邮轮旅游后如果想乘坐飞机离开，可以直接在邮轮客运大楼办理值机及行李托运手续，并可选择多种交通工具前往机场。澳大利亚政府通过简化行政审批手续、改善邮轮公共服务、便利化旅游者出入境手续等方式，提高邮轮企业的运营效率，进一步降低了邮轮产品价格，提升了本国邮轮旅游的竞争力。

（三）构建邮轮旅游的可持续发展体系

邮轮虽然从数量来看仅占全球商业船只数的不足1%，但是其产生的废弃物占到了全球商业船只数的25%。据估算，邮轮即使在满载时，每名乘客每航行一千米也会排出402克的二氧化碳，其碳足迹是"欧洲之星"高铁的36倍，是波音747飞机的3倍（Klein，2009）。但是，现在国际上关于海洋污染和船舶废弃物处理的法律和公约都是在邮轮产业大规模发展以前确定的，因此事实上没有专门的国际法律来规范邮轮的污染和废弃物排放问题。邮轮产业是国际性的产业，邮轮企业主要依据航行过程中各国的排放标准和监管力度来控制污染物和废弃物排放，在此过程中谋求经济利益最大化。一般而言，在排放标准较低、监管力度较弱的发展中国家，邮轮企业也会采取对环境破坏更为严重的排放标准或污染物处理方式，长期发展将严重破坏海洋生态环境以及城市旅游发展的可持续性。邮轮旅游对于岸上城市环境的影响主要集中在邮轮基础设施建设和运营、邮轮航行过程、旅游产品使用及消费、废弃物排放等环节。

除了保护生态环境以外，邮轮旅游要实现可持续发展还需要在投资回收、利益分配、组织合作等方面实现创新，可以总结为包括五方面内容的可持续发展模型：（1）收回邮轮港口设施投资。提升邮轮港口与邮轮企业合作过程中的话语权，使得邮轮港口的收费能够覆盖成本并获得合理利润，邮轮港口能够通过邮轮旅游的快速发展而按时收回投资；（2）合理分配邮轮旅游利益。邮轮旅游发展能够给旅游城市整体带来较大利益，但是在各个利益主体之间的分配并不均衡，甚至会损害部分主体的利益。因此在邮轮旅游的发展过程中，应该对获益较小甚至利益受损的主体进行补偿，以构建邮轮旅游发展的社会支持体系；（3）保护生态环境。旅游城市应该制定法律法规来严控邮轮旅游过程中的环境破坏行为，并且针对邮轮旅游的特点，创新海洋生态环境保护的监控方式；（4）邮轮港口的区域化发展。大区域内的邮轮港口之间如果不能形成有效的组织合作机制，往往会被邮轮企业置于相互竞争的境地而导致整体利益受损，也不利于航线规划、景区开发、游客集散、污染控制等问题的解决。因此邮轮旅游发展需要构建邮轮港口之间、邮轮港口与腹地的合作机制；（5）强调旅游城市的重要性。旅游城市在发展邮轮旅游的过程中，不应将城市旅游放在邮轮旅游的附属位置，而应认识到旅游城市正是邮轮旅游最为核心的吸引要素之一，强调旅游城市在邮轮旅游发展过程中的重要性，以核心主体的视角来发展邮轮旅游，并获得合理利益。

（四）强化对邮轮旅游发展的有效监管

邮轮旅游是一种特殊的旅游方式，邮轮船舶为了避税而普遍在巴拿马、百慕大群岛等国家注册，且邮轮航线一般涉及国外（境外）旅游目的地，登上邮轮就需办理出境手续。但是，就我国邮轮旅游发展的现状来看，大部分邮轮旅游者为中国人，中国服务员的比重也在逐步增加。针对行驶在公海或者外国海域的邮轮船只，如何保障中国旅游者的合法权益，如何维护中国邮轮船员的劳动权利，如何管理博彩等在中国境内属于非法的旅游产品，就成为了加强对邮轮旅游发展监管的重要问题。从国外邮轮旅游发展的经验来看，针对邮轮旅游者和邮轮船员的侵权甚至犯罪行为时有发生，已经影响到了邮轮旅游者的旅游满意度，并侵犯了旅游从业人员的合法权益。美国、加拿大等国家已经针对在公海或境外海域航行的外国籍邮轮创新了监管方式，主要包括以下四方面的内容：（1）载有本国公民（包括旅游者和服务人员）的邮轮必须向政府部门报告针对本国公民的违法犯罪行为，以及在本国领土内发生的犯罪行为；（2）政府部门应该配置足够的资源以用于调查邮轮上发生的违法犯罪行为；（3）针对外国邮轮航行到外国海域时发生的针对本国公民的违法犯罪行为进行立法；（4）在邮轮旅游者乘坐邮轮前通过多种方式向其预警可能会发生的船上犯罪行为，提供避免犯罪行为的建议，并指导发生犯罪行为时如何处理。

第二节　邮轮产业对旅游城市的影响机制

一、全球邮轮产业发展趋势

参考欧盟委员会（European Commission，2009）和世界旅游组织（World Tourism Organization，2010）对邮轮旅游的发展预测，本书认为邮轮产业有以下七大发展趋势。

（一）邮轮产业将持续创新快速发展

邮轮旅游是一个极具创新性的产业，从诞生以来就处于持续的创新发展之中。对于邮轮旅游产品而言，邮轮、港口和目的地是其三大构成要素。针对邮轮本身的创新活动一直在持续，邮轮体量越来越大、船上休闲娱乐设施越来越多、船舶运营管理采用的技术越来越先进。邮轮产业已经进入了创新驱动发展的良性循环中，邮轮体积增大、娱乐设施增加，在邮轮吸引力增加的同时降低了单位乘客成本，给邮轮企业带来了更多的利润，进而有能力投资建设更大体量的邮轮。邮轮航线和邮轮产品的不断创新也有效地拓展了邮轮旅游适游季节，提升了全产业资源的利用效率。目前看来，未来邮轮产业创新尚有巨大空间。对于港口和目的地而言，必须跟上邮轮的创新速度，优化提升邮轮港口服务，推出有吸引力的目的地旅游产品，以提升旅游体验、增加旅游消费。

（二）邮轮产业国际化程度将继续提升

邮轮产业是国际化程度较高的产业，在全球经济自由化的宏观背景下，未来其国际化程度还将继续提高。邮轮产业的国际化体现在邮轮企业、邮轮船供、船员、乘客、目的地、航线等多个方面。从邮轮企业来看，邮轮产业的集中度进一步提高，全世界已经呈现出寡头垄断竞争的态势；从邮轮船供来看，全球邮轮船供体系已经形成，邮轮从全世界范围内获取中间投入和船舶服务；从邮轮船员构成来看，其船员国籍多元化程度是旅游行业中较高的。世界著名邮轮港口的旅游者来自世界各地，境外旅游者占有较高比重。邮轮企业为了维持竞争力又持续开辟多元化的国际航线和停靠城市。

因此，与国内导向的景区旅游相比，邮轮旅游的要素流动性更强、国际化程度更高、地方统筹监管更难。邮轮产业对于旅游城市的发展是一把"双刃剑"，如果旅游城市能够顺应邮轮产业的国际化趋势，积极推行国际化发展战略，则能够在获得邮轮旅游收入的同时，建成区域性乃至全球性的邮轮造船、维修、船供、培训、就业等中心，发挥邮轮总部经济。相反，如果旅游城市的国际化视野不足，则邮轮经济可能会被外国企业所掌控，邮轮总部经济难以形成，导致城市总体利益受损。

（三）邮轮船舶体量将持续扩大

邮轮产业处于持续创新的过程中，而邮轮创新最显著的标志就是邮轮船舶的体量越来越大。近年来世界最大邮轮的记录大约每两年的时间就被打破，例如 2024 年首航的"海洋标志号"邮轮总吨位已经达到 24.9 万 GT、长度为 365 米、宽度为 48 米，共有 20 层甲板、2805 个客舱①。邮轮企业通过持续扩大邮轮体量、增加船上休闲娱乐设施，来增强邮轮旅游的吸引力、降低单个乘客的运营成本、增强乘客船上消费，未来邮轮船舶的体量还将进一步扩大。

对于邮轮港口而言，邮轮船舶体量的持续扩大对港口配套设施提出了更高要求，需要港口基础设施和相关服务也不断更新来适应邮轮持续发展的需求，也需要旅游城市为邮轮产业的发展而培养专业技术人才。

（四）邮轮旅游需求将持续多元化增长

邮轮旅游从旅游产品的生命周期来看，还处于增长扩张阶段，远未达到成熟或者饱和。世界旅游组织预测邮轮旅游在发达国家将继续保持 7% 以上的增速，并且至少需要 10 年的时间来进入成熟阶段（World Tourism Organization，2010）。对于中国和印度等发展中国家而言，邮轮旅游处于快速增长的进程中，未来占世界市场的份额将不断扩大，并给世界邮轮旅游业发展巨大发展机遇。但是，这些国家应迅速建立满足邮轮旅游需求的产业供给体系，避免因产品供给不足而在旅游目的地造成拥堵。

邮轮产业需求持续增长的过程，也正是邮轮旅游从高端旅游向大众旅游转型的过程。在人口老龄化、城镇化等趋势影响下，邮轮旅游需求

---

① 皇家加勒比邮轮，https：//www. royalcaribbeanpresscenter. com/fact - sheet/35/icon - of - the - seas。

呈现出多元化发展的趋势，邮轮产业也会针对目标市场而进一步细分。第一，经济型邮轮旅游者的比重会进一步增加，针对高端旅游者的传统商业模式可能难以奏效，需要开发更多的实惠且有价值的旅游服务来鼓励其消费，但是由于旅游者预算有限，在邮轮和旅游目的地之间会存在竞争；第二，未来会有更多的老年和家庭出游的邮轮旅游者，应针对他们的需求和出游特点提供相应的邮轮旅游产品；第三，随着邮轮旅游市场渗透率的提升，有经验的邮轮旅游者比重会增加，需要通过产品创新来提升其重游率；第四，探索型邮轮旅游者大量出现，他们对于旅游目的地有浓厚兴趣，需要通过邮轮、港口、目的地的一体化来满足需求。整个邮轮产业需要根据需求开发适合不同人群的邮轮旅游产品，以保证邮轮产业的持续快速发展。

（五）邮轮企业垄断地位将继续增强

全世界有大约70%～80%的邮轮床位被三大邮轮集团所控制，邮轮产业的集中度很高（World Tourism Organization，2010），呈现出寡头垄断的特征。邮轮产业的进入门槛较高，建造一艘邮轮需要多达数十亿美元的投资，设计、建造和运营邮轮需要大量的知识积累，普通企业在短期内难以获取相关知识技术和人才储备。现在，主要邮轮企业仍然能够获得丰厚的利润，进而增加投资以扩大规模，并通过横向兼并和纵向扩张以进一步巩固垄断地位。

从中期来看，世界邮轮产业寡头垄断的态势不会显著改变，而规划建设邮轮港口的城市数量在不断增加。主要邮轮企业拥有过强的垄断地位，导致邮轮港口、旅游城市在与之谈判合作的过程中处于弱势地位，在港口费、岸上旅游佣金等方面给邮轮企业带来了太多利益，最终制约了城市能从邮轮旅游中获得的经济效益。因此，为了保证各利益相关者都能从邮轮旅游发展中获得合理收益，需要政府做出恰当的制度安排。

（六）邮轮产业政府管制将逐步加强

据世界旅游组织统计，全世界 69.3% 的邮轮注册在巴拿马、利比里亚和巴哈马这三个国家（World Tourism Organization，2010）。邮轮船舶方便旗使用的广泛程度高于普通商船队，导致主要旅游城市难以向邮轮产业征收税款，船员的合法劳动权益也难以得到有效保障，要求邮轮企业遵守主要运营国劳动法律的呼声越来越高。在全球气候变暖的背景下，邮轮二氧化碳排放、污染物排放、废弃物处理等问题对生态环境造成的负面影响已经引起了国际海事组织（IMO）以及运营国政府的重视。由于缺乏强有力的监管，邮轮企业常常为了节约成本而采用对环境负面影响较大的廉价燃料。另外，经过 2005 年邮轮"海上精神号"（Seabourn Spirit）遭遇海盗袭击、2012 年歌诗达邮轮"协和号"触礁搁浅、2014 年韩国"岁月号"客轮沉没、2019～2022 年新冠疫情暴发，邮轮的航行和运营安全也受到了政府的关注。可以预见，未来对邮轮产业的管制将继续加强，对于邮轮旅游目的地的产业运营能力提出了更高要求。

（七）邮轮旅游目的地将一体化发展

邮轮旅游发展将促进区域旅游一体化，可以将其一体化路径分为三个阶段：

（1）初级阶段。在邮轮旅游发展的初期，具有资源优势的邮轮港口和邮轮航线率先发展起来。但是，邮轮港口、旅游城市和旅游腹地的一体化程度不高，并未形成邮轮旅游目的地。

（2）中级阶段。随着邮轮旅游进一步发展，有条件的港口纷纷建设邮轮码头，邮轮港口和邮轮航线数量逐步增加，但港口与航线的功能和性质相对同质化，它们之间的竞争大于合作。邮轮港口、旅游城市和旅游腹地逐步一体化，三者共同构成邮轮旅游目的地。但是，各邮轮旅游目的地之间是相互独立的。

（3）高级阶段。到了邮轮旅游发展的成熟阶段，邮轮港口和邮轮航线进一步功能细分并逐步整合，邮轮港口和邮轮航线体系实现一体化，港口和航线之间的合作大于竞争。邮轮港口对应的邮轮旅游目的地逐步整合，从"多个单港口邮轮旅游目的地"融合成为"单个多港口邮轮旅游目的地"。邮轮旅游目的地进入区域一体化阶段。

长三角邮轮旅游目的地还处于初级阶段，上海邮轮港口和日韩邮轮航线率先崛起，邮轮旅游与上海城市旅游还处于整合进程中。上海、舟山、温州、连云港都以始发日韩航线为主，港口之间主要是竞争而非合作关系。加勒比海邮轮旅游目的地尚处于中级阶段，由于缺乏统一的旅游腹地，且港口体系缺乏一体化组织架构，各港口之间存在激烈的竞争关系，表现为"多个单港口邮轮旅游目的地"。地中海邮轮旅游目的地已经进入高级阶段，邮轮旅游和岸上旅游产品高度一体化，邮轮港口体系内有良好的一体化组织架构，表现为"单个多港口邮轮旅游目的地"。

二、邮轮产业发展的经济效应

（一）邮轮产业综合经济效应

邮轮产业是一个综合性较强的产业，具有综合带动能力强、增长速度快、经济效益好的特点，能够较为全面地带动旅游城市的经济发展，成为世界旅游城市发展的支柱产业。

邮轮企业在访问港能够产生船舶停靠、邮轮保养、食品及饮料供应、旅游观光等运营费用，在母港除了上述运营费用之外，还会产生市场营销、企业服务、写字楼出租等管理费用。表4-3为邮轮企业主要运营管理费用类别。

表 4 - 3　　　　　　　　　邮轮企业主要运营管理费用类别

运营费用	管理费用
旅行社佣金	市场营销、广告和推介费用
旅游者保险费	其他销售成本
旅游者国际入境费用	会计和法律服务
航空机票费用	电脑和互联网咨询服务
邮轮旅游前后的旅游产品费	金融服务
食品与饮料费	其他专业服务
燃料费和港口服务费	电话费用
餐厅、饭店和博彩服务费	旅行和娱乐费用
邮轮保养、维修、停泊等费用	租金
邮轮保险费	公共设施费用
邮轮保养设备费	岸上雇员工资
岸上旅行成本	船员工资

资料来源：CLIA. *The Contribution of the International Cruise Industry to the U. S. Economy in 2019* [R]. Phillipsburg, NJ: Business Research & Economic Advisors, 2020b.

如表 4 - 3 所示，国际邮轮企业协会（CLIA）通过调查嘉年华、歌诗达、迪斯尼等邮轮企业后列举了他们的主要管理和运营费用构成，可以看出邮轮企业的费用支出涉及农业、制造业、服务业等多个方面，能够系统地带动旅游城市的经济增长。邮轮产业对旅游城市的经济效应可以分为直接经济效应、间接经济效应、引致经济效应三大部分。直接经济效应是指邮轮旅游者、邮轮企业通过在旅游城市直接消费产生的经济效应；间接经济效应是指直接消费在旅游城市通过投入产出联系拉动其他产业消费而产生的经济效应；引致经济效应是指间接效应对旅游城市经济产生的一系列拉动作用最终产生的经济效应；总和经济效应则是上述三种效应的加总。

（二）不同邮轮产品经济效应

对于最终消费者而言，他们通过消费带动邮轮产业中间投入行业增长的机制较为相似，但是不同类别的邮轮旅游者和船员在邮轮旅游城市的消费行为却差别巨大。

表4-4显示了不同类型邮轮旅游者和船员在邮轮旅游城市的人均旅游消费。从美国全国来看，可以看出在邮轮母港过夜并登船的"过夜母港旅游者"由于需要住宿，也有更充裕的时间进行城市旅游，因此人均旅游消费最高，达到了304美元，而在出发当日到达的"不过夜母港旅游者"，并无太多时间进行城市旅游，人均旅游消费仅有37美元。"访问港旅游者"在访问港的人均旅游消费为125美元，介于过夜母港旅游者与不过夜母港旅游者之间。船员的人均旅游消费为102美元，与访问港旅游者接近，高于不过夜母港旅游者。

表4-4　　　　不同类型邮轮旅游者与船员的岸上人均旅游消费　　　单位：美元

乘客类别	美国	纽约市
邮轮母港旅游者	151	233
过夜母港旅游者	304	437
不过夜母港旅游者	37	24
访问港旅游者	125	184
邮轮船员	102	208
合计	140	228

注：美国为2019年数据，纽约市为2013年数据。

资料来源：CLIA. *The Contribution of the International Cruise Industry to the U. S. Economy in 2019* [R]. Phillipsburg, NJ: Business Research & Economic Advisors, 2020b; NYCruise. *2013 NYCruise Economic Impact Study* [R]. New York: NYCruise, 2014.

从纽约市来看，情况又有所不同。纽约作为美国最大的城市以及重要的邮轮港口，拥有更多的城市旅游资源，过夜母港旅游者的人均消费显著高于全国平均水平，达到了 437 美元。但是，纽约的曼哈顿和布鲁克林两个邮轮港口都有便利的交通基础设施以及优越的公共交通服务，降低了旅游者的交通成本，反而导致不过夜母港旅游者的人均旅游消费仅为 24 美元，甚至低于全国平均水平。纽约作为访问港的旅游者人均消费额高于全国平均水平，达到 184 美元。值得一提的是，纽约作为世界著名旅游城市也对邮轮船员产生了巨大吸引力，邮轮船员的人均旅游消费额高达 208 美元，甚至高于访问港旅游者。

　　表 4 - 5 显示了 2017 年纽约市不同类型邮轮旅游者及船员的岸上人均旅游消费。对于过夜母港旅游者而言，住宿是最大的消费支出，占到了总消费的 55.62%，其他三类人群则没有住宿费用支出。餐饮消费对于每一类人群而言都是较大的消费支出，而服装消费则在旅游购物中占据了主要份额。实际上，狭义的旅游景区"游览"仅在旅游消费总额中占据了较小的份额。邮轮旅游者与船员主要在进行广义的城市旅游休闲，也就是与普通市民共享餐饮、购物、交通、住宿等城市生活服务。

表 4 - 5　　　2017 年纽约邮轮旅游者和邮轮船员岸上消费

消费类别	过夜母港旅游者		不过夜母港旅游者		访问港旅游者		邮轮船员	
	金额（美元）	比重（%）	金额（美元）	比重（%）	金额（美元）	比重（%）	金额（美元）	比重（%）
餐饮消费	19536787	13.68	675015	14.19	1104798	17.89	3350605	19.35
出租车、地面交通	5995149	4.20	449001	9.44	372203	6.03	806042	4.65
手表、珠宝	2640496	1.85	285560	6.00	239025	3.87	555424	3.21
服装	8522156	5.97	186238	3.92	712444	11.54	3701605	21.37
娱乐、博彩、夜总会	4221833	2.96	1028229	21.62	570002	9.23	543006	3.14

消费类别	过夜母港旅游者		不过夜母港旅游者		访问港旅游者		邮轮船员	
	金额（美元）	比重（%）	金额（美元）	比重（%）	金额（美元）	比重（%）	金额（美元）	比重（%）
停车	437385	0.31	302919	6.37	—	—	—	—
博物馆、美术馆	3479722	2.44	70976	1.49	507929	8.23	243845	1.41
其他消费	14962844	10.48	1292099	27.17	1072835	17.37	7803026	45.06
住宿	79436949	55.62	—	—	—	—	—	—
游览	3577260	2.50	465917	9.80	1595356	25.84	314966	1.82
合计	142810581	100	4755954	100	6174592	100	17318519	100

资料来源：NYCruise. 2017 *NYCruise Economic Impact Study*［R］. New York：NYCruise, 2018.

第三节 上海城市旅游和邮轮产业发展特征

一、上海城市旅游发展现状特征

（一）地处全国最大旅游客源地中心位置

作者担任主编的《中国国内旅游发展年度报告2022》通过对全国31个省份（不包括港澳台地区）的国内旅游客源市场和出游率进行研究，构建了中国各省区市的客源地出游率模型，计算出了2021年中国各省份的国内旅游客源市场规模和出游率指数，数值越高表示国内旅游客源市场规模越大、出游率越高，结果如图4-1所示。

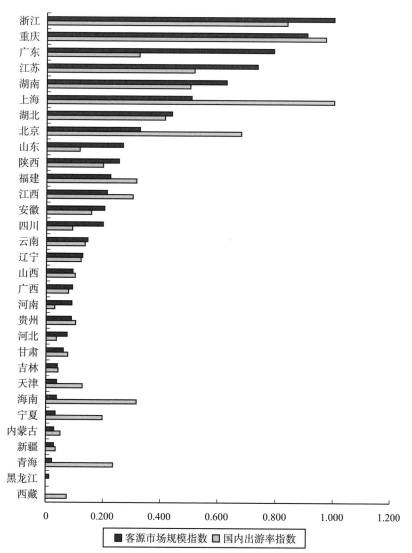

图 4 - 1 2021 年各省份国内旅游客源市场规模和出游率指数

资料来源：中国旅游研究院. 中国国内旅游发展年度报告 2022 ［R］. 北京：旅游教育出版社，2022b.

从中可以看出浙江省、江苏省和上海市的国内旅游客源市场规模和国内旅游出游率都位居全国前列，上海市作为全国性的邮轮母港具有庞大的区域旅游客源市场。

（二）长三角是全国最重要旅游目的地

《中国国内旅游发展年度报告2022》综合测算了2021年全国31个省份的国内旅游收入，如图4-2所示。

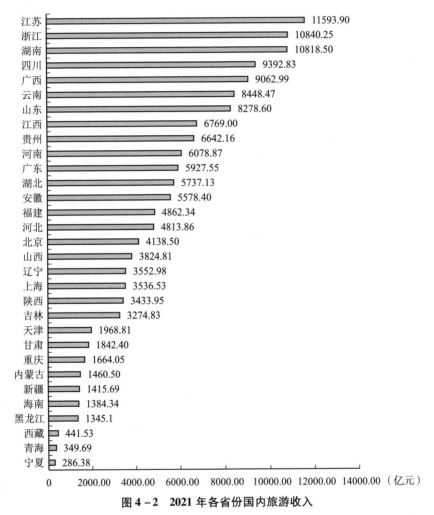

图4-2 2021年各省份国内旅游收入

资料来源：中国旅游研究院. 中国国内旅游发展年度报告2022［R］. 北京：旅游教育出版社，2022b.

图 4 - 2 显示长三角地区江苏省、浙江省的国内旅游收入排名靠前，分别位居全国第 1 位和第 2 位，安徽省和上海市的国内旅游收入排名全国中游，分别位居全国第 13 位和第 19 位。长三角地区的三省一市共同构成全国最重要的旅游目的地。

（三）城市旅游与周边区域景区旅游互补

《中国国内旅游发展年度报告 2021》综合测算了全国 31 个省份的旅游景区数量、规模和吸引力后得到各地区的旅游景区发展指数，数值越高表示旅游景区的发展水平越高，如图 4 - 3 所示。

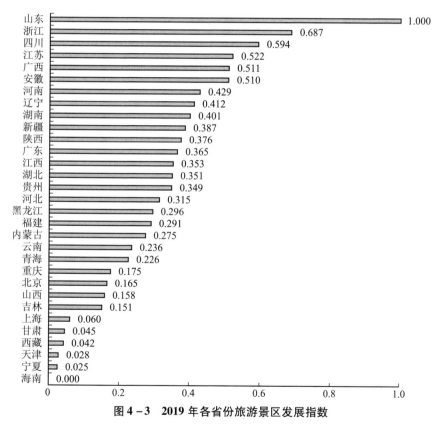

图 4 - 3　2019 年各省份旅游景区发展指数

资料来源：中国旅游研究院. 中国国内旅游发展年度报告 2021 ［R］. 北京：旅游教育出版社，2022a.

由图 4-3 可以看出，长三角地区的浙江省、江苏省和安徽省的旅游景区指数位居全国前列，分别为第 2 位、第 4 位和第 6 位，上海市的旅游景区指数则排在全国第 26 位，处于相对靠后的位置。因此，上海市作为中国最重要的旅游城市之一，旅游业发展主要依托非景区的多元化城市服务业支撑。上海周边的江苏省、浙江省、安徽省等地则是中国最重要的景区旅游目的地，旅游业发展主要依托景区旅游资源支撑。上海的城市旅游资源与周边省份的景区旅游资源形成了良好的互补关系。

（四）长三角是全国旅游流动重点区域

对于邮轮母港而言，机场、高铁、高速公路等大型交通基础设施极为重要，交通基础设施的通达范围也就代表了邮轮母港的市场范围。邮轮旅游城市需要发挥旅游集散功能，方便快捷地接待来自全国乃至全世界的旅游者，世界著名邮轮旅游城市必然是重要的交通枢纽。

表 4-6 显示了 2020 年全国主要区域之间的旅游流矩阵。长三角地区仅次于珠三角地区，是全国排名第二的旅游客源地。同时，长三角地区又是全国最重要的旅游目的地。从以航空交通为代表的区域间旅游流联系来看，长三角地区在全国旅游流动网络中处于枢纽位置，上海建设成为世界级的邮轮母港具有优越的市场优势。

表 4-6 　　　　　　　　2020 年全国区域间旅游流矩阵

客源地	目的地						
	环渤海地区	长三角地区	珠三角地区	中部地区	东北地区	成渝地区	云贵地区
环渤海地区	4	56	70	21	9	78	45
长三角地区	55	1	112	49	29	109	73
珠三角地区	72	160	12	46	21	111	40
中部地区	22	48	45	3	11	44	31

续表

客源地	目的地						
	环渤海地区	长三角地区	珠三角地区	中部地区	东北地区	成渝地区	云贵地区
东北地区	9	29	19	10	0	15	11
成渝地区	**75**	**109**	**108**	**44**	16	0	33
云贵地区	39	**70**	39	31	9	33	0

注：表内数值越高表示旅游流联系越强，强度大于平均值42的旅游流用粗体表示。
资料来源：中国旅游研究院. 中国国内旅游发展年度报告2020〔R〕. 北京：旅游教育出版社，2021.

表4-7显示了2022年全国总计930条省际旅游客流中客流量排名前100的重要省际旅游客流，它们占到了全国总客流量的56.09%（中国旅游研究院，2022b）。其中，长三角地区是全国重要的国内旅游客源地和目的地。以上海、江苏、浙江为客源地的重要省际旅游客流有17条，以上海、江苏、浙江为目的地的重要省际旅游客流有16条，上海、江苏和浙江之间的6条旅游客流全部属于重要省际旅游客流。

表4-7　　　　　　　　2022年全国重要省际旅游客流

客源地区	客源省份	目的地
东部地区	北京	河北
	天津	河北
	河北	北京、山东、天津、山西、河南、内蒙古
	上海	江苏、浙江、安徽
	江苏	安徽、浙江、山东、上海、河南
	浙江	安徽、江苏、江西、贵州、湖南、湖北、上海、河南、福建
	福建	广东、江西
	山东	江苏、河北、河南、安徽、浙江
	广东	广西、湖南、江西、湖北、四川、福建、贵州
	海南	

客源地区	客源省份	目的地
中部地区	山西	陕西、河北、河南
	安徽	江苏、浙江、河南、上海
	江西	广东、浙江、湖南、福建、湖北
	河南	安徽、湖北、江苏、山东、浙江、广东、河北、陕西、北京、湖南、山西
	湖北	湖南、广东、河南、江西、浙江
	湖南	广东、湖北
西部地区	内蒙古	河北、辽宁
	广西	广东、湖南
	重庆	四川、贵州
	四川	重庆、云南、广东、贵州、陕西
	贵州	浙江、广东、四川、云南、湖南、重庆、广西
	云南	四川、贵州、广东
	西藏	
	陕西	甘肃、四川
	甘肃	陕西
	青海	
	宁夏	
	新疆	
东北地区	辽宁	河北、吉林、内蒙古、山东
	吉林	辽宁
	黑龙江	辽宁、吉林

资料来源：中国旅游研究院. 中国国内旅游发展年度报告 2022 ［R］. 北京：旅游教育出版社，2022b.

（五）上海在长三角内部处于枢纽位置

对于邮轮母港而言，需要融入全球交通网络，具备良好的航空、高铁等大交通联系，接待来自全国乃至全世界的旅游者。对于邮轮访问港而言，更重要的是融入区域交通网络，与旅游城市的周边腹地保持良好的陆上交通联系，以建设区域旅游集散中心、打造综合性的区域旅游目的地、增强目的地吸引力、延长旅游者的停留时间、增加邮轮旅游的综合经济效益。

从表4-8中可以看出，上海无论作为旅游客源地，还是作为旅游目的地，都与长三角地区内部的主要城市间保持着紧密的区域交通联系。上海通过加强与周边省份的区域合作，可以建设成为综合性的邮轮旅游目的地和邮轮旅游集散中心，能够丰富区域旅游产品、增强旅游城市吸引力、提升旅游综合经济效益。

表4-8　　　　　　　　2020年长三角地区内部旅游流矩阵

客源地		目的地						
		上海	江苏			浙江		
			南京	苏州	扬州	杭州	宁波	绍兴
上海		—	298	260	0	195	56	41
江苏	南京	290				147	47	38
	苏州	260		—		48	17	14
	扬州	0				0	0	0
	常州	216				42	16	13
	连云港	3				2	0	0
	无锡	235				44	15	13
	泰州	0				0	0	0
	徐州	102				56	17	15
	镇江	150				26	9	8

客源地		目的地						
		上海	江苏			浙江		
			南京	苏州	扬州	杭州	宁波	绍兴
浙江	杭州	191	146	47	0	—		
	宁波	50	48	16	0			
	温州	47	48	13	0			
	绍兴	43	39	14	0			
	嘉兴	139	34	36	0			
	金华	95	43	14	0			
	衢州	51	18	8	0			
	台州	23	21	6	0			
	丽水	16	21	3	0			

注：表内数值越高表示旅游流联系越强。

资料来源：中国旅游研究院．中国国内旅游发展年度报告 2020 ［R］．北京：旅游教育出版社，2021.

二、上海邮轮产业发展瓶颈

上海是我国最早发展邮轮产业的沿海城市，邮轮旅游发展规模和水平均在全国领先，对全国邮轮产业发展起到重要引领和示范作用。自2006 年 7 月 2 日歌诗达邮轮公司的"爱兰歌娜号"开启上海邮轮母港之旅以来，上海的邮轮母港吸引力加速提升，停靠上海的邮轮艘次和旅客吞吐量蝉联全国第一。2019 年上海接待了 258 艘次邮轮靠泊，占全国总量的31.8%，接待邮轮出入境旅游者189.3 万人次，占全国总量的45.5%（中国交通运输协会邮轮游艇分会等，2019）。

邮轮旅游已成为上海国际航运中心和世界著名旅游城市建设的重要组成部分，成为上海提升国际竞争力、抢占战略资源的重要抓手，成为加快上海城市经济创新驱动、转型发展的重要载体。未来上海邮轮旅游的高质量发展需要破解以下瓶颈因素。

（一）邮轮产业经济体系缺乏国际竞争力

首先，上海自主品牌邮轮企业需进一步提升国际竞争力。邮轮企业是邮轮产业链的核心环节，具有较高的进入门槛，但也具有较高的利润率以及产业波及带动能力。随着邮轮产业横向兼并和纵向整合的不断推进，邮轮企业在邮轮产业链中的核心地位显得越发突出。自主品牌邮轮企业是世界著名邮轮旅游城市的重要标志。美国、意大利、英国、新加坡等国家都有具有自身特色的本土邮轮企业，在全世界的邮轮产业体系中发挥着重要的影响力。爱达邮轮（上海）有限公司的成立标志着上海自主品牌邮轮企业发展已经取得长足进步，但与欧美龙头邮轮企业相比还需要进一步提升国际竞争力。

其次，上海的邮轮设计、建造和维修水平还需进一步提升。2024年1月首艘国产大型邮轮"爱达·魔都号"在上海完成首航，标志着以上海为代表的国内邮轮船舶建造水平达到了新的高度。"爱达·魔都号"总吨位为136201GT，长度达324米，有2125间客舱，可载客5246人[①]。但是，首批国产大型邮轮与"海洋标志号"等国外顶尖邮轮在总吨位、休闲娱乐产品等方面尚有一定的差距，还有进一步提升的空间。

最后，邮轮船供行业发展水平有待提升。邮轮产业与传统旅游业相比国际化程度更高，邮轮产业的要素供给和中间投入能够从国外甚至全世界的范围内获取，对于产品质量、食品安全等的要求也更高。这对于我国既是重要机遇也是挑战，如果船供产业发展起来可以成为全世界的重要邮轮供应中心，相反则会导致本地邮轮市场被外国企业所抢占。全球邮轮产业已经形成较为完善的国际化邮轮船供系统，随着2024年4月国务院通过《国际邮轮在中华人民共和国港口靠港补给的规定》，必

---

① 爱达邮轮，https://www.adoracruises.com/adora。

将促进我国邮轮船供产业及相关服务的国际化发展。

（二）邮轮产业对上海城市旅游带动力度不足

从上海邮轮母港的配套旅游项目建设来看，以邮轮母港而非综合型邮轮港口的思路来发展旅游目的地，过分强调邮轮港口的交通集散功能，而忽视了邮轮港口的旅游目的地发展功能。宝山区结合吴淞口国际邮轮港的建设提出了世界级旅游度假区的发展目标，包括新建五星级宾馆、大型商业广场等，打造长江河口科技馆、淞沪抗战纪念馆等旅游项目，配套建设炮台湾国家湿地公园、顾村公园、美兰湖高尔夫旅游区等旅游景区。但是，吴淞口国际邮轮港周边区域仍然缺乏具有强大吸引力的大型主题旅游项目，港口周边留不住邮轮旅游者，邮轮旅游带动区域旅游发展的潜力并未得到充分释放。上海港国际客运中心也主要发挥邮轮母港功能，周边缺乏直接面向邮轮旅游者设计的旅游设施与项目，客运中心周边的邮轮旅游氛围不浓。

根据中国旅游研究院邮轮课题组的测算，2019年上海接待的邮轮旅游者中，不过夜母港旅游者占到了58.3%，过夜母港旅游者占到了37.3%，而访问港旅游者仅占4.4%（中国旅游研究院，2021）。大量不过夜母港旅游者选择出发当日达到、离船当日返回，并未预留足够时间在上海进行深度城市旅游，留在上海的旅游消费较少。相反，他们在邮轮上进行旅游度假，反而对原本可能在上海市开展的城市旅游活动造成了替代效应。上海建设世界著名邮轮旅游城市，需要提高过夜母港旅游者、访问港旅游者的比重，以增加邮轮旅游者在城市的停留时间和消费，增强邮轮旅游对城市旅游的带动力。

从邮轮旅游度假氛围来看，与世界著名邮轮旅游城市相比，上海邮轮旅游度假区的邮轮休闲文化和旅游度假产业都还存在一定的差距，全市尚未形成独特的邮轮旅游品牌与形象。

（三）区域邮轮港口体系的枢纽功能不强

邮轮旅游在我国增长迅速，天津、厦门、三亚、广州、深圳、连云港、温州、舟山等沿海城市都已建成邮轮港口，国内掀起了新的一轮接纳大型邮轮船舶的邮轮码头建设，在这个过程中缺乏有效的统筹协调机制，全国呈现一哄而上的发展态势，存在重复建设、同质竞争的潜在风险。2019 年，在全国 14 个沿海邮轮港口中，有 7 个邮轮港口停靠邮轮低于 20 艘次（中国交通运输协会邮轮游艇分会等，2019）。

上海从邮轮停靠数和旅客吞吐量来看在全国都处于领先地位，是全国最大的邮轮港口，但是在全国邮轮港口体系中尚未发挥核心枢纽功能，与各邮轮港口的区域整合程度不高，对其他邮轮港口的统筹带动能力不突出，与邮轮旅游腹地的区域联系不紧密。从外国经验来看，世界著名邮轮旅游城市一般既是邮轮产业中心，又是区域邮轮港口体系的核心枢纽，还是国际邮轮组织协会和邮轮企业总部所在地。

（四）邮轮航线和目的地结构较为单一

航线结构单一是制约上海邮轮旅游发展的重大问题。中国游客由于节假日较短、带薪假期较少，邮轮航线设计不能太长，一般会选择 3～7 天的邮轮航线，而从上海始发运营的 3～7 天航线所能停靠的境外港口并不多，只有日韩航线可行，主要驶往济州岛、首尔、福冈、冲绳等目的地。目前台湾航线需要包船运营，东南亚航线时间过长。由于邮轮航线较为单一，对游客吸引力减弱，邮轮公司经营压力巨大。未来的发展思路包括拓展新的邮轮航线和目的地，开放沿海多点挂靠航线和无目的地公海游航线等。

（五）邮轮服务质量尚有提升空间

邮轮产业在我国是新兴业态，目前我国的邮轮旅游还没有建立成熟的管理机制，尚未形成明确的邮轮旅游管理制度体系，缺乏国家层面上的明确政策导向与政策依据，现行政策法规与管理制度不能涵盖邮轮经济活动的各个层面，对邮轮产业主要参照我国货运和客运等交通行业管理政策，行业管理、通关服务、外资准入、规费收取、金融扶持等产业政策与国际惯例不符，与其特定旅游度假功能不相匹配、审批许可环节复杂、发展限制较多。导致邮轮码头设计人性化不足、邮轮港口开发运营缺乏一体化管理、邮轮口岸服务效率有待提高，客观上影响了邮轮旅游者的通关效率和旅游体验。

三、上海邮轮产业发展战略思路

（一）转变国内旅游发展导向，构建旅游国际化发展格局

上海现阶段邮轮旅游主要为国内游客出境游，入境游客较少。上海邮轮旅游停留在以国内出境市场为导向的阶段，尚未形成邮轮旅游国际化发展的大格局。与迈阿密、巴塞罗那、伦敦、新加坡等世界著名邮轮旅游城市相比，上海应该在旅游核心吸引物品质、旅游产业体系、旅游公共服务三大方面取得重大突破。以国际水准的旅游核心吸引物扩大全球市场号召力，以国际水准的旅游产业体系构建旅游综合产业经济，以国际水准的旅游公共服务来提升旅游综合服务质量，最终构建起上海邮轮旅游国际化发展的大格局。

（二）转变港口经济发展模式，构建旅游目的地发展格局

上海现阶段邮轮港口主要发挥母港旅游集散功能，作为访问港旅游目的地功能较少。在母港邮轮旅游者中又以当日到达的母港旅游者为主，接待过夜母港邮轮旅游者较少。城市旅游者主要游览上海市的中心城区，游览吴淞口国际邮轮港周边景区的旅游者较少。邮轮港口主要发

挥交通枢纽功能,尚未围绕港口建成综合型旅游目的地。上海邮轮港口发展可以借力邮轮客流量的持续增长,扭转功能单一、旅游产业配套不足、旅游吸引力弱的态势,打造与邮轮船上旅游互补的邮轮旅游度假区,建设成为世界著名旅游城市的新兴增长极。

(三) 转变邮轮旅游增长模式,构建旅游产业经济格局

为了顺应旅游新趋势,对接旅游新需求,发挥上海旅游的综合优势,就必须超越传统的邮轮旅游,充分利用新资源,打造新产品,发展新业态,着力突破都市观光旅游、购物旅游、文化旅游、商务旅游、休闲度假旅游、娱乐经济、情感经济、绿色经济等,打造旅游新经济,促进旅游产业融合发展,构建邮轮大产业格局。

(四) 转变城市旅游增长模式,构建区域旅游发展格局

上海位于东部沿海经济带和沿长江经济带的交接部,是长三角经济区的核心,在城市功能、交通区位、资源组合、综合实力等方面具有突出优势,可以充分利用大城市和交通集散中心的综合组织能力、综合经济的辐射带动能力,充分利用江苏、浙江等周边省份的旅游资源和吸引力发展旅游业,发挥旅游总部基地和组织中心的功能,强化在长三角地区旅游业发展中的龙头和核心地位,超越城市旅游,整合利用区域旅游,真正发挥上海的核心优势和综合实力。

(五) 转变邮轮产业体系弱势地位,构建邮轮总部经济格局

上海的邮轮供应产业发展相对薄弱,缺乏完善的邮轮供应产业体系。外国邮轮企业开始陆续进入上海市场,但本地邮轮企业竞争力与其还有一定差距;邮轮产业体系发展逐步多元化,但邮轮总部经济尚未完全形成。要有效破解这一发展瓶颈,需要以核心邮轮产业为依托构建综合性邮轮供应产业体系。以国内外邮轮企业设立区域总部为契机,打造

邮轮旅游的总部经济。以本地邮轮旅游企业的发展壮大为抓手，实现邮轮产业综合效益的提升。充分利用上海市产业结构多元、业态创新迅速的优势，构建不同层次的邮轮旅游产业体系，形成上海参与全球竞争的重要载体。

第四节　促进上海邮轮产业发展政策建议

一、完善邮轮基础设施

一是形成综合性邮轮港口体系。探索上海邮轮港口体系发展模式，建立港口间协调合作机制，规划建设世界一流的国际邮轮组合港口。"上海吴淞口国际邮轮港"定位于为大中型国际邮轮和沿江沿海游船以及游艇靠泊提供综合服务的长三角区域水上旅游集散中心。最终将宝山建设成为全球一流的国际邮轮客运中心和集金融商务、商业贸易、文化休闲、旅游度假于一体的综合性国际邮轮城。"上海港国际客运中心"依托中央商务区的区位优势，定位于发展高端产业服务，完善商业配套服务，构建邮轮要素市场，拓展邮轮产业链，成为上海市国际化的高端邮轮产业核心功能区。

二是对邮轮港口区域进行整体性规划。充分利用港区地理空间及其旅游商贸开发条件，采取配套综合开发模式，将旅游、商业、贸易、办公、居住、酒店、会展、休闲、文化、娱乐和购物多种商业形态与港口周边土地空间和城市资源进行对接，对吴淞口和北外滩周边滨水地区和水岸中心区进行多元化开发，通过对港口的整合开发与复合利用，拓展邮轮产业经济价值链，使邮轮港口成为城市邮轮旅游度假区的核心资源。

三是完善邮轮码头设施和航运服务。按照邮轮码头国际建造标准，配备安全、规范、高效、便捷的登轮设施、邮轮码头开放空间、作业空间以及亲水环境空间，创造宜人舒适的邮轮港口旅游休闲环境。规划与邮轮接待规模一致的商务办公、补给与岸电设施及相关处理设施等，规划建设与各港区发展规模相适应的国际国内客运旅游服务综合设施。规划完善邮轮补给、废物污水处理、口岸联检、海事救助、消防、船舶维护、码头管理等综合服务功能，健全港口航运服务体系，促进港口服务优化。

四是改善邮轮港口综合交通。构建以邮轮港口为中心的立体旅游交通体系，提供"安全、高效、环保、舒适、便捷"的邮轮旅游交通服务。实现邮轮港区与机场、高速公路、市区主干道、市区轨道交通、铁路枢纽以及市区主要旅游景区之间快速的交通连接，规划轨道交通停靠站和各类停车泊位，形成高效的对外衔接与集散条件。

二、提升旅游服务质量

一是完善邮轮旅游服务质量标准。根据上海建设世界著名旅游城市的要求分层制定邮轮旅游服务质量标准，主要包括邮轮设施设备等级标准、邮轮旅游项目质量标准、餐饮住宿质量标准、服务技巧与态度、无障碍环境建设等。在登轮办理出入境手续、船舶信息网络报检等方面充分考虑到邮轮旅游的特殊性，与国际惯例接轨。

二是完善邮轮旅游服务质量认证与评定。根据国家、上海邮轮旅游服务质量标准，做好各类邮轮旅游服务质量的认证和评定，做到标准统一、等级分明，促进邮轮旅游的有序协调发展。

三是健全邮轮旅游投诉与理赔受理机制。结合上海邮轮旅游的发展特点，完善邮轮旅游质量反馈机制，以游客满意为出发点，积极接受游客投诉和理赔。建立邮轮港口投诉、景区投诉、网络投诉、电话投诉、电子邮件等多种游客投诉渠道，并及时处理投诉信息。定期进行游客满意度调查，鼓励邮轮旅游者积极提出意见与建议。

三、打造邮轮总部经济

一是在产业链核心环节构建总部经济。邮轮企业是邮轮旅游产业链条的核心控制环节，决定着邮轮旅游上下游产业的健康发展。拥有众多的邮轮企业入驻和邮轮航线挂靠，特别是拥有具备国际竞争力的本土邮轮企业是世界著名邮轮旅游城市的重要标志。上海应为邮轮企业提供全方位的服务支持，以吸引国际著名邮轮公司入驻，并积极培育爱达邮轮等自主品牌邮轮公司和邮轮船队，在邮轮产业经济上实现增值效应。

二是在产业链下游环节对接国际标准。上海应当加大海关、市场监管、卫健等相关部门的支持力度，提供便捷优惠的邮轮船供采购途径，对接邮轮供应业的国际生产流程与产品质量标准，增强上海邮轮供应产业的国际竞争力，积极融入全球邮轮供应系统，推动亚洲采购中心向上海转移。

三是在邮轮港口经营环节实现多元发展。世界著名邮轮港口的经营强调港口区域综合功能的配套开发，增强邮轮港口对于区域经济的综合带动功能。上海应研究部署港口总体经营战略，丰富港口综合业务，形成稳定的多元投资组合，充分利用港口优越区位以及高质量的邮轮旅游客流，连带开发附加值高的商业、旅游和休闲等项目，将邮轮港口开发纳入北外滩和吴淞口地区发展总体规划框架中予以考虑，提升邮轮港口周边地块的综合功能和总体价值。

四是在邮轮旅游发展环节完善综合功能。上海应以邮轮旅游来促进城市旅游的发展，形成邮轮旅游与城市旅游互补发展的良性关系，以邮轮旅游促进城市滨水空间的改造、美化城市总体风貌、完善市民休闲游憩设施、提升城区的商业服务配套、改善城市的公共服务和基础设施，进而推动城市综合功能的升级。

四、加强外部战略合作

一是加强与国际旅游城市合作。深化上海—大阪—首尔黄金大三角旅游合作，巩固现有东北亚精品主力邮轮航线，积极推动定班中日韩线。发展与东盟自由贸易区国家的邮轮旅游合作，适当开发延伸上海至东南亚区域的中长途邮轮航线，建设东盟邮轮旅游目的地。拓展与伦敦、洛杉矶等友好城市的旅游合作，联合东京、新加坡、香港、胡志明市、吉隆坡等亚太地区著名旅游城市，探索设立世界邮轮旅游城市合作组织和旅游论坛，推进世界著名旅游城市间的邮轮合作发展，吸引国际邮轮航线在上海增加挂靠航线和停靠频次。积极参与国际邮轮旅游合作，充分发挥上海对外宣传、对外文化交流功能，提升上海的邮轮旅游形象。加强同世界旅游组织、亚太旅游协会、国际邮轮企业协会（CLIA）、境外邮轮公司等各类国际旅游机构的合作，共同开发邮轮旅游项目，扩大上海邮轮旅游的国际影响力。

二是加强与重要邮轮港口合作。推进沪港澳旅游合作，合作开发邮轮旅游产品，推广沪港、沪澳在旅游客源市场、旅游资源、旅游目的地特征等方面的互补合作。扩大沪台旅游合作领域，规范发展赴台邮轮旅游航线，加强开发沪台邮轮旅游合作项目。加强同首尔、新加坡等著名邮轮旅游城市合作发展邮轮产业，利用自身的客源和目的地优势，吸引并延伸首尔、新加坡的邮轮航线，实现优势互补，以其邮轮运作经验和管理模式带动上海邮轮旅游的发展。

三是加强与长三角区域合作。积极建设沪苏浙无障碍旅游区，全力打造长三角邮轮旅游腹地。建立长三角区域内部的发展合作机制，实现旅游资源、产品、市场、信息、客源和利益共享，在旅游基础设施、旅游连锁经营、旅游行业标准、旅游信息平台、旅游专业人才、旅游生态环境、旅游培训考核、旅游资质认定和旅游结算、投诉体系等领域加强合作，共同建设世界一流的邮轮旅游目的地。

四是加强邮轮旅游跨区域合作。第一，跨区域联合开发客源市场，比如推进上海与天津、厦门、广州的区域旅游合作，开发中国境内的南北邮轮航线和从上海始发的沿海多港挂靠航线；第二，跨国联合开发客源市场，比如强化上海与国外友好城市的深度合作，拓展国际邮轮入境客源；第三，顶级邮轮品牌的跨区域合作，比如上海与南安普敦、迈阿密、巴塞罗那等著名邮轮旅游城市的合作。突破传统合作促销的浅层次合作，构建多方合作的利益共享机制，形成多层次、多方式、多渠道的邮轮旅游新兴合作体。

第五章

区域邮轮旅游目的地发展研究

　　上海是亚洲最大的邮轮母港，也是重要的旅游城市之一，但是邮轮港口数量过少、邮轮旅游腹地较小、难以串联形成邮轮航线，仅靠上海市自身难以建成具有强劲吸引力的世界邮轮旅游目的地。同时，长三角区域是我国旅游经济最为发达的区域，具有沿海和沿江双重优势，区内有诸多优质邮轮港口，邮轮旅游腹地面积广阔，具备在全国率先建成区域邮轮旅游目的地的基础条件。

　　邮轮产业天生具有跨区域和跨国发展的特点，因此也必将成为长三角旅游一体化的强大驱动力。长三角邮轮旅游目的地发展是一项跨区划、跨行业和跨部门的系统工程，需要从理论和实践层面进行深入研究。本章以区域旅游一体化、邮轮港口竞争力、邮轮港口体系一体化、港口城市一体化和港口腹地一体化等理论为基础，基于翔实的数据分析和政府调研，结合国家旅游高质量发展战略，借鉴里维埃拉、罗马和拉齐奥、莱万特、加泰罗尼亚等著名邮轮旅游目的地区域一体化的成功经验，研究长三角邮轮旅游目的地发展的背景、趋势、机制、路径、瓶颈和举措。

第一节　邮轮旅游目的地理论研究

邮轮旅游目的地包括邮轮港口、旅游城市和旅游腹地三大要素。邮轮旅游目的地一体化，从硬环境上看包括邮轮港口体系一体化、邮轮港口与旅游城市一体化、邮轮港口与旅游腹地一体化等内容，形成无缝链接的旅游空间。从软环境上看又需要有促进邮轮旅游目的地一体化的制度框架，让邮轮企业、邮轮港口、交通运输企业、旅游企业、旅游管理部门等能够协调运营，为旅游者提供无短板的高品质综合服务。最终，通过区域旅游一体化形成邮轮旅游发展的有机整体和有效机制，通过邮轮旅游发展又倒推区域旅游一体化进程。

本节首先从理论层面简述区域旅游一体化理论、邮轮港口竞争力理论、邮轮港口体系一体化理论、邮轮港口与旅游城市一体化理论、邮轮港口与旅游腹地一体化理论等内容，提炼出邮轮旅游目的地一体化的理论机制。其次，分析世界上旅游目的地一体化案例，总结出邮轮旅游目的地一体化的实践经验。最后，基于上述理论机制和实践经验分析长三角邮轮旅游目的地发展的具体机制。

一、区域旅游一体化理论

区域旅游一体化，就是指区域内各地区达成发展旅游业的共识，通过共同消除阻碍区域内旅游流动的交通、资金、货物、信息、制度等障碍，共同确定区域旅游发展战略，推进旅游者、旅游投资、旅游商品、旅游信息等在区域内部自由流动，最终促进区域旅游发展。

（一）区域旅游一体化效益分析

区域旅游业一体化，能够消除旅游者流动障碍，在短期内能够降低旅游者的旅游成本。首先产生"旅游创造"效应，旅游成本降低能够引发更多区域内部旅游活动，区域内的旅游产业规模扩大，区域内旅游的总成本降低；其次产生"旅游转移"效应，随着区域内旅游的总成本降低，区内旅游价格相对于区外旅游价格变得便宜，部分喜欢到区外旅游的旅游者开始选择在区内旅游，进一步扩大区域内旅游产业规模。

参考鲍德温（Baldwin et al.，1995）提出的区域经济整合理论，区域旅游一体化可以带来六大方面的静态经济效益：旅游人数增加带来旅游者效用增加、旅游价格降低带来旅游者效用增加、旅游贸易条件改善带来旅游者效用增加、旅游企业产出增加带来利润增加、旅游企业产出增加带来规模经济、旅游者选择范围扩大带来旅游者效用增加。

除了静态经济效益以外，区域旅游一体化还能带来动态效益。一般而言，动态效益要远大于静态效益，是推进区域旅游一体化的主要动力。动态效益主要包括以下五大方面：第一，减少政府支出。消除旅游发展障碍能够节约相关人员工作量，进而减少政府行政支出；第二，改善区内竞争环境。消除旅游发展障碍，能够让原来受到贸易壁垒保护的旅游企业面临更多市场竞争，有利于他们主动提高企业竞争力；第三，产生旅游产业规模经济。旅游市场规模扩大能够带来区域内旅游企业生产规模扩大，生产单位旅游产品的成本降低，进而给旅游企业带来规模经济效益；第四，旅游产业要素优化配置。旅游企业能够在更大的市场中获取旅游产业要素，旅游产业要素能够在更大范围内寻找市场，有利于旅游劳动者、资本、技术等要素在区域内自由流动，进而提高旅游产业要素的回报；第五，提升区域旅游形象。整个区域通过旅游一体化形成统一的旅游品牌形象，能够产生更强的品牌影响力和市场号召力，也有利于与其他区域开展区际合作。

（二）区域旅游一体化阶段演化

可以结合新经济地理学中的集聚经济理论，研究区域旅游一体化不同阶段的性质特征和主要机制，如表 5 - 1 所示。

表 5 - 1　　不同阶段区域旅游一体化效益的产生机制

阶段	主要效益	理论文献	性质描述	产生机制	典型案例
1	内部规模经济	克鲁格曼（Krugman, 1991）	单个旅游企业生产规模扩大，导致提供旅游产品或服务的单位成本降低	购买更多的中间投入品能够获得折扣；分摊旅游企业的固定生产成本；管理和技术经验随时间积累	单个旅游景区接待游客数在区域旅游一体化过程中增加，景区从单个游客身上获得更多利益
2	集聚经济（本地化经济）	罗森塔尔（Rosenthal et al., 2001）；亨德森（Henderson, 2003）	多个旅游业企业聚集在同一区域而各自获取的经济利益	大量旅游业企业聚集能够引更多旅游者；旅游业上下游专业化分工带来效率提升；旅游企业聚集在当地形成专业化劳动力市场；旅游业知识和信息能够在本地同行间迅速扩散	旅游景点和旅游企业共同形成旅游线路，线路的形成为旅游企业因为旅游线路的形成而获得更多利益
3	集聚经济（城市化经济）	卡勒姆（Calem et al., 1991）中村（Nakamura, 1985）	旅游业企业与其他行业企业聚集在同一区域而获取的经济利益	不同行业的企业合有利于旅游企业借鉴其他行业创新知识；旅游业与其他行业进行专业化分工过程；市场效率提升；市场规模扩大带来内生增长过程；能够与其他行业共享基础设施和公共服务	旅游企业与其他企业共同形成旅游目的地，旅游目的地多元化的产业结构吸引了商务旅游者、医疗旅游者、研学旅行者等，旅游业与其他行业融合发展并各自带来经济利益
4	集聚不经济	斯坦博乐（Stabler et al., 2010）	旅游业企业和其他企业在同一区域过度集聚而导致的经济利益损失	人口和经济活动超过环境承载能力而引发拥堵、污染和环境退化问题；人口过度集中给公共服务和基础设施带来压力，引发一系列社会问题，并降低居民和游客满意度；人口和企业过度聚集拉高了生产要素和商品服务价格，降低了区域经济的过度发展吸引力	旅游企业和其他企业大量聚集，大量居民和游客涌入超过了旅游目的地的承载能力，旅游经济的过度发展给各企业带来经济利益损失

资料来源：戴斌、黄黄．区域旅游一体化的理论建构与战略设计——以京津冀为例［J］．人文地理，2016，31（3）：128-135.

参考借鉴帕帕塞奥佐鲁（Papatheodorou，2004）基于新经济地理理论的旅游研究成果，可以将区域旅游一体化划分为四个阶段：

（1）在区域旅游一体化的初期，区域内旅游需求增加首先带来了区内景区旅游人数增加，旅游景区产出增加进而获得了内部规模经济，能够降低提供单位旅游产品的成本。此阶段的发展政策应集中在增加旅游景区的旅游人数，扩大旅游景区规模，提升旅游景区的吸引力和接待能力上。

（2）随着区域旅游一体化推进，区内旅游企业在空间上集聚，形成了旅游小镇和旅游线路，旅游企业因为同行的存在而获取了本地化经济。此阶段的发展政策应集中在完善旅游产业体系、串联旅游线路、打造旅游小镇上，鼓励旅游企业集聚并产生更强吸引力。

（3）在区域旅游一体化的成熟阶段，旅游产业与其他产业融合发展，不同企业在空间上集聚形成旅游目的地，旅游企业因为其他产业的存在而获得了城市化经济。此阶段的发展政策应集中在鼓励"旅游业＋"融合发展，鼓励旅游经济与城市经济融合，建设旅游城市和旅游目的地上。

（4）如果区域旅游一体化引致企业在空间上过度集聚，超过旅游目的地的承载力就会产生规模不经济，进而给旅游目的地带来利益损失。如果进入此阶段，发展政策应集中在限制旅游企业盲目集聚，限制产业无序扩张，限制旅游者大量涌入，进而调整优化旅游产业结构，消除集聚不经济产生的负面影响。

（三）区域旅游一体化主要类型

戴斌和黄璜（2016）将国内外区域旅游一体化分为自由旅游区、旅游共同市场、旅游发展带、旅游合作联盟、一体化旅游区五类，见表 5-2。

表 5-2   区域旅游一体化主要类型

类型	旅游一体化内容	旅游一体化效果	典型案例
自由旅游区	消除旅游者在区域内旅游的物理和制度障碍	旅游者在区域内部无障碍流动	申根国家
旅游共同市场	促进区域内旅游产业要素自由流动	实现区域内旅游产业要素合理配置，增加旅游产业投入，提升产业效率	京冀共建京西南黄金旅游线
旅游发展带	打造统一的区域旅游形象，共同对外营销推广	形成统一的区域旅游形象，提升市场营销效果	京杭大运河
旅游合作联盟	协调制定区域内旅游发展的各项制度和政策	协调旅游发展的战略目标和重要政策措施，保障区域内旅游合作效益最大化	长三角旅游区
一体化旅游区	建立共同的旅游管理服务机构	以常设机构和权威制度保障区域旅游合作顺利进行，旅游合作的各种障碍均被打破，旅游发展各方面实现一体化	法兰西岛

资料来源：戴斌，黄璜．区域旅游一体化的理论建构与战略设计——以京津冀为例［J］．人文地理，2016，31（3）：128-135．

（1）以申根国家为代表的"自由旅游区"，区域内部消除了旅游者自由旅行的签证障碍，保障了旅游者和旅游服务的自由流动。

（2）以京西南黄金旅游线为代表的"旅游共同市场"，旅游产业发展所需的劳动者、资本、技术、管理经验等要素可在区内自由流动，能够提升旅游产业要素的利用效率。

（3）以大运河国家公园为代表的"旅游发展带"，整个区域可以通过打造"旅游发展带"来形成统一的区域旅游品牌形象，有利于提升旅游品牌吸引力和市场号召力。

（4）以长三角旅游区为代表的"旅游合作联盟"，通过召开不定期会议来协调区域旅游发展制度和政策，但仍然缺乏常设性机构和权威的制度来保障区域旅游一体化。

（5）以法兰西岛（大巴黎地区）为代表的"一体化旅游区"，以常设性机构和稳定制度的方式保障区域旅游一体化顺利推进，是一体化程度最高的区域旅游一体化模式。例如，巴黎市的面积相当于北京市东城和西城两区面积之和，凡尔赛宫、枫丹白露宫和迪斯尼乐园、戴高乐机场等实际上都位于巴黎市之外，但是"法兰西岛"通过常设的管理机构和一体化的制度政策实现了旅游高度一体化，游客甚至难以觉察到何时走出了巴黎市。

二、邮轮港口竞争力理论

邮轮港口是邮轮旅游目的地的首要因素。邮轮旅游目的地要快速发展，首先必须具备有竞争力的邮轮港口。而邮轮港口的竞争力在很大程度上又来自邮轮旅游目的地。

（一）普通港口

帕罗拉等（Parola et al.，2017）研究了港口竞争力的来源。他们通过详尽的文献综述后对港口竞争力的主要驱动因素进行了遴选，按各种驱动因素的研究论文数量从多到少进行排序，得出港口竞争力的驱动因素主要包括港口成本、港口腹地接近度、港口腹地连通度、港口地理区位、港口基础设施、港口运营效率、港口服务质量、海运连通度、船舶可进入性、港口具体选址十大方面。可以看出港口的竞争力既来自港口成本、基础设施、运营效率、服务质量等港口自身因素，又来自港口腹地、地理区位、交通连通度等港口外部因素。但是，帕罗拉等的研究对象为包括货运港在内的所有港口，而并非专门针对邮轮港口。

（二）邮轮母港

希腊学者莱卡库等（Lekakou et al.，2009）研究了邮轮母港的竞争力因素。他们详细调研了邮轮企业在欧洲选择邮轮母港时的决策程序和考虑因素，发现邮轮母港竞争力共包括十二项主要因素，并可以分为港口位置特征和周边环境特征两大类型，见表 5-3。

表 5-3　　　　　　　　　　　邮轮母港竞争力主要因素

类型	竞争力因素	主要内容
港口位置特征	港口自然特征	靠近邮轮航线、抵御恶劣天气能力
	港口效率	港口管理效率、船舶周转时间、包裹处理效率、安检花费时间、旅客服务设施
	港口管理	与邮轮企业长期合作能力、满足邮轮企业特殊需求能力、港口市场营销能力、常旅客计划、**与区域内邮轮港口的网络联系**
	港口基础设施	旅客登船下船设施、现代化客运大楼、充足的靠泊能力、同时接待大量旅客的能力、船员服务设施、港口深度
	港口旅客服务	邮轮旅行社、邮局、银行、免税店、贵宾休息室、网吧、停车场、儿童游乐场、运动设施、急救站、安全的环境、交通换乘设施
	港口邮轮服务	引航、拖船、燃料添加、船舶供给、船级社检验、安保服务、垃圾处理设施、造船和船舶维修
	港口服务价格	邮轮服务价格、旅客服务价格、邮轮企业总部运营成本、港口费
	城市宜居环境	**国际机场、国际火车站、充足的公共交通、充足的出租车、市场、休闲场所、餐馆、住宿设施、旅游信息中心、游憩区域、旅游警察**
	政策制度环境	母港航线优惠政策、客运大楼特许经营政策、沿海航行权、国家旅游政策、政治稳定性

类型	竞争力因素	主要内容
周边环境特征	提供多式联运	具有沿海航线、沿海航运企业协调程度、国际和国内铁路基础设施、国际和国内公路基础设施、可靠的沿海航运服务、国际和国内客车服务、陆上交通企业协调程度、内陆交通联系、航空联系、机场容量、可靠的航空交通、航空交通企业协调程度
	优质旅游吸引物	旅游景点数量质量、历史文化遗产、旅游产品多样性、传统文化活动、邮轮挂靠点、与周边旅游点联通度、会议旅游、宗教旅游、绿色旅游、体育旅游等
	客源市场	与主要邮轮旅游市场距离

注：港口以外的城市因素和区域因素标注为粗体。

资料来源：Lekakou, Maria B., Athanasios A. Pallis, and George K. Vaggelas. Which Homeport in Europe: The Cruise Industry's Selection Criteria [J]. *Tourismos*, 2009, 4 (4): 215–240.

由表 5–3 可以看出，"港口位置特征"的主体包括港口自身和港口所在城市，"周边环境特征"的主体则包括港口所在区域。因此，邮轮母港的竞争力绝非由自身决定，港口、旅游城市和旅游腹地共同决定了邮轮母港的竞争力。

莱卡库等（Lekakou et al., 2009）进而总结了作为成功邮轮母港的五个关键点：（1）卓越的港口服务和有吸引力的城市；（2）现代化、有效率和有充足客流的机场；（3）具有吸引力的旅游目的地和旅游线路；（4）靠近大的邮轮旅游市场；（5）与大的邮轮旅游市场有良好交通联系。可见，要实现上述五个关键点并成为成功的邮轮母港不能仅靠港口自身，而必须依托于包括邮轮港口、旅游城市和旅游腹地在内的邮轮旅游目的地一体化发展。

（三）邮轮访问港

帕利斯（Pallis，2015）研究了邮轮访问港的竞争力因素。邮轮访问港的竞争力表现为吸引邮轮靠泊的能力。邮轮企业为了创新邮轮产品、提高重游率，不断搜寻新的访问港来组成新的邮轮航线。邮轮企业搜寻访问港主要考虑港口基础设施和旅游目的地特征两大类因素。港口基础设施包括邮轮泊位、岸上基础设施、航运服务和旅客服务等因素，旅游目的地特征包括旅游吸引物、岸上旅游产品、治安环境等因素。

帕利斯（Pallis，2015）认为邮轮访问港要取得成功依赖于以下五大方面：（1）港口区位，指访问港被纳入热门邮轮航线的能力，也就是访问港的吸引力；（2）邮轮旅游目的地的吸引力，包括目的地的气候、社会文化环境、旅游景点距离等区域因素；（3）邮轮旅游目的地的可进入性，与客源市场有航空、铁路和高速公路等大交通连接，能够满足"自驾车乘邮轮"需求；（4）港口设施和服务；（5）合理的港口收费。其中，后两个方面是所有成功邮轮访问港都应具备的基础条件，前三个方面则构成邮轮访问港的核心竞争力。显然，邮轮访问港的前三方面核心竞争力必须依赖与城市和腹地紧密合作才能实现。

综上所述，发展邮轮旅游目的地需要建设有竞争力的邮轮港口，而邮轮港口的竞争力则来自港口自身、旅游城市和旅游腹地三大方面，港口设施和服务是竞争力的基础条件，旅游城市和旅游腹地构成邮轮港口的核心竞争力。邮轮港口的基础设施和服务质量可以通过大规模投资、服务标准化等方式快速提升，而发展旅游城市和旅游腹地则是复杂的系统工程，需要依托邮轮旅游目的地一体化来整体推进。因此，区域旅游一体化已经成为提升邮轮港口竞争力的关键因素。

三、邮轮港口体系一体化

世界著名邮轮旅游目的地内部应该包含多元化的邮轮港口体系，实现邮轮旅游多元化和网络化发展。这种多元化既体现在单个邮轮港口的多元化功能上，又体现在城市和区域内部的多元化邮轮港口体系上。

（一）邮轮港口分类理论

欧盟委员会（European Commission，2009）依据旅游吸引物、可进入性、港口设施等三项指标的发展水平高低两种状态对邮轮港口进行分类，总结出了八种邮轮港口类型。

帕利斯（Pallis，2015）和古伊等（Gui et al.，2011）等从不同角度对邮轮港口进行了分类，见表5－4。本书综合他们的研究成果，提出了邮轮港口的分类体系。下面从航线功能、旅游吸引力、区域一体化三个视角对邮轮港口分类进行简要阐述。

表5－4 邮轮港口类型划分

标准	类别
港口设施	专用客运大楼、专用码头、货邮混用港口
所有权和经营权	公有、私有、特许经营
规模	主要（大于100万人次）、非常大（50万～100万人次）、大（25万～50万人次）、中等（10万～25万人次）、小（小于10万人次）
航线功能	母港、始发港、访问港
季节性	弱（全年可用，4个峰值月所占比重低于40%）、平均（4个峰值月所占比重为40%～60%）、强（4个峰值月所占比重为60%～80%）、非常强（4个峰值月所占比重高于80%）
旅游吸引力	必游型、探索型
区域一体化	目的地型、门户型、平衡型
可进入性	航空型、自驾型、铁路型
细分市场	大众型、优质型、豪华型、探险型

资料来源：作者基于帕利斯（Pallis，2015）和古伊等（Gui et al.，2011）等整理修改。

1. 航线功能

古伊等（Gui et al.，2011）依据港口的船舶和旅客服务功能，将邮轮港口分为提供完善服务的母港、半母港和访问港三类。我国《全国沿海邮轮港口布局规划方案》中则将邮轮港口划分为邮轮母港、始发港和访问港三类（交通运输部，2015）。母港能够提供综合性的旅客和船舶服务，始发港主要提供邮轮始发和到岸相关服务，访问港主要提供邮轮中途停靠服务。

从理论上讲，母港和始发港主要发挥邮轮出境旅游功能，因此必须接近大型邮轮客源市场并有良好的区内外交通联系，访问港主要发挥邮轮入境旅游功能，因此必须有良好的旅游资源。但从实际看，邮轮母港和始发港附近的大型邮轮客源市场常常也是重要入境旅游城市，因此从实践上表现为高等级港口包含低等级港口功能。例如，阿姆斯特丹、波士顿、悉尼、伦敦、威尼斯等著名邮轮母港又是重要的邮轮访问港。巴塞罗那港的邮轮旅游者中母港旅游者占52%，迈阿密的比重为49.4%，埃弗格雷斯港（Everglades）为51.2%，卡尼亚韦拉尔港（Canaveral）为45.7%，奇维塔韦基亚（罗马）的比重为34%，马赛港的比重为39%（Pallis，2015；Pallis et al.，2016）。从数量上看，大部分邮轮港口是访问港，邮轮母港数量则较少，与邮轮企业一样具有寡头垄断的特征。例如，整个地中海沿岸母港邮轮旅游者仅占邮轮旅游者总数的约30%（Esteve – Perez et al.，2015）。

2. 旅游吸引力

帕利斯（Pallis，2015）从旅游吸引力角度将邮轮港口划分为必游型和探索型。必游型港口具有世界著名的旅游资源，对于每一条邮轮航线都至关重要。探索型港口虽然不具备世界一流的旅游资源，但能够通过新产品给旅游者带来新体验。有的必游型港口是邮轮母港，例如巴塞罗那和威尼斯。有的必游型港口是访问港，例如那不勒斯。绝大部分探索型港口是始发港或访问港，通过旅游新产品开发吸引邮轮和旅游者，在竞争中获取优势。古伊等（Gui et al.，2011）将探索型邮轮港口进一步细分为文化体验型、异域风情型和高端奢华型三种。

3. 区域一体化

罗德里格等（Rodrigue et al.，2013）依据旅游吸引物与港口距离，将邮轮港口分为门户、目的地和平衡三种类型：

门户型邮轮港口是指港口没有重要的旅游资源，因此也不是旅游目的地，邮轮旅游者在港口上下船并到地区以外旅游。例如意大利的奇维塔韦基亚港（Civitavecchia）和里窝那港（Livorno）。

目的地型邮轮港口是指港口有唯一的优质旅游资源，邮轮旅游者将邮轮港口作为唯一旅游目的地，很少到港口以外地区旅游。例如意大利威尼斯港、西班牙巴塞罗那港、海地拉巴地港、巴哈马可可港（Coco-Cay）等。

平衡型邮轮港口是指包括港口地区在内的整个区域有平衡的旅游资源，因此港口既是旅游目的地又是旅游集散地。例如美国迈阿密港、波多黎各圣胡安港、巴哈马拿骚港、希腊比雷埃夫斯港、葡萄牙里斯本港等。

帕利斯等（Pallis et al.，2014）指出邮轮港口应当从门户型邮轮港向目的地型邮轮港转型，并最终成为平衡型邮轮港。

（二）城市邮轮港口体系

大多数著名邮轮旅游城市在城市内部或者周边地区有多元化的邮轮港口体系。以伦敦为例，在伦敦市中心泰晤士河沿岸有两个邮轮访问港，为到伦敦市中心游览的旅游者服务。上塔桥港（Tower Bridge Upper）位于伦敦地标性建筑塔桥上游，能够为游客提供穿越伦敦塔桥的独特旅游体验，但是受河岸限制只能停靠 158 米长的邮轮，主要服务于高端邮轮市场。格林威治港（Greenwich Ship Tier）位于上塔桥港的下游 5 千米处，伦敦金融区的金丝雀码头对面，本身也是世界文化遗产，能够停靠 240 米长的邮轮，同样服务于高端市场。这两个港口就位于城市中心，能够给游客提供城市旅游的独特体验，但是缺乏邮轮港口配套设施，在邮轮停靠时以搭建临时设施的方式解决，接待能力极为有限，只能满足小部分游客的高端需求。

为了满足邮轮停靠需求，以及依托伦敦建设邮轮母港，英国在伦敦市中心沿泰晤士河下游 23 千米处建设了蒂尔博里（Tilbury）邮轮港口，它配置有相对完善的邮轮港口设施，并且能够停靠长达 348 米的邮轮。蒂尔博里港具有便捷的交通设施，能够快速与航空、铁路等大交通网络连接，是从伦敦出发的主要邮轮母港，但是由于距离伦敦市中心较远，港口周边旅游景点较少，作为访问港的吸引力相对有限。伦敦的三个邮轮港口都位于泰晤士河沿岸，还能够通过泰晤士河上的游船实现互通，共同构成完善的邮轮港口体系。

（三）区域邮轮港口体系

从全世界范围来看，相邻港口间开展区域合作是重要的发展趋势。港口间通过组建区域合作网络，能够提升整个区域竞争力，应对单个港口城市无法应对的挑战（OECD，2014）。具体到邮轮旅游领域，相邻多个邮轮港口构建区域邮轮港口体系，建立强有力的合作组织机制，从更高的层次统筹规划邮轮旅游的发展，共享港口资源和协调投资行为，共同推行实施市场营销方案，合理调控和分配邮轮旅游者，有利于促进邮轮旅游的长远可持续发展。具体来看，构建区域邮轮港口体系有以下作用：

一是提升邮轮旅游者体验。多个邮轮港口具有不同的旅游资源和产品，能够给旅游者提供不同的体验。通过串联不同类型港口的邮轮航线，能够开发截然不同的邮轮旅游产品，优化邮轮旅游产品组合度，提升邮轮旅游者满意度，提高邮轮旅游重游率（Pallis，2015）。

二是增强邮轮企业创新性。构建区域邮轮港口体系能够增强邮轮停靠和航线多样性，保障邮轮航线可靠性、提升邮轮企业经营灵活性。让邮轮企业能够更为合理地安排船供补给、邮轮行程、港口组合、旅游腹地，也有利于邮轮企业开发更具创新性和市场竞争力的产品，最终提升邮轮企业的竞争力（Gibson，2006）。

三是增强邮轮港口竞争力。区域内部多个邮轮港口间具有一定的可替代性。邮轮企业具有较高的进入门槛，因此具有寡头垄断的特征，产业集中度远高于邮轮港口。邮轮企业经常将各个邮轮港口置于相互竞争的位置而谋取利益，迫使邮轮港口降低港口收费、减免各项税收等。通过构建区域邮轮港口体系，港口群集体与邮轮企业协商谈判，能够有效增强邮轮港口话语权，保障邮轮港口利益，提升邮轮港口产业地位。

四是实现邮轮目的地可持续发展。邮轮旅游长期增长会给邮轮港口和目的地带来拥堵和环境污染等负面影响，邮轮旅游目的地的承载力遭遇瓶颈，制约邮轮旅游的进一步发展。通过构建区域邮轮港口体系，开发新的邮轮港口和邮轮旅游目的地，能够有效地提升邮轮旅游目的地的承载力，缓解邮轮旅游带来的负面影响，推动邮轮旅游目的地的可持续发展。

地中海沿岸已经有了很多成功的区域邮轮港口体系，可供我们参考借鉴：

（1）法国里维埃拉邮轮港口群（The French Riviera Cruise Ports）。里维埃拉邮轮港口群将戛纳、尼斯、儒昂湾（Golfe - Juan）、滨海自由城（Villefranche - sur - Mer）的邮轮港口整合到统一品牌"蓝色海岸"旗下，通过法国里维埃拉商会统一管理，为邮轮企业提供相关的产业信息，并统一开发岸上旅游产品，形成了区域管理港口运营的最佳例子

（Gui et al.，2011）。

（2）意大利罗马和拉齐奥港口群（Ports of Rome and Latium）。奇维塔韦基亚（Civitavecchia）是从海上进入罗马的门户，邮轮旅游接待能力已呈现出饱和的态势，通过整合开发菲乌米奇诺（Fiumicino）和加埃塔（Gaeta），能够增强邮轮旅游接待能力（Gui et al.，2011）。

（3）意大利莱万特（Levante）港口群。意大利的巴里（Bari）也向外拓展整合了巴列塔（Barletta）和莫诺波利（Monopoli），三者组成莱万特（Levante）港口群而实现了邮轮旅游接待能力提升（Gui et al.，2011）。

（4）西班牙加泰罗尼亚港口群。巴塞罗那港周边100千米内还有塔拉戈纳、帕拉莫斯两个邮轮港口，巴塞罗那是邮轮旅游者的必经之地，但是在旺季的时候邮轮港口吞吐能力不足，景区面临拥堵问题，需要向外疏散旅游者。塔拉戈纳具有一些次级旅游景区有待发展，吸引巴塞罗那的旅游者是最为直接有效的手段。帕拉莫斯的旅游资源相对较少，但是具有优越的交通条件，能够为巴塞罗那邮轮港口发挥分流作用。三个邮轮港口正在构建加泰罗尼亚邮轮港口组织。

区域邮轮港口体系内各邮轮港口也会存在一定程度竞争。理想状态下各邮轮港口间形成良性的"竞合"关系（Pallis，2015），共同分享机会与优势，促进邮轮旅游目的地发展。

四、邮轮港口与旅游城市一体化

旅游城市在发展邮轮旅游的过程中，不能孤立地规划邮轮港口和配套基础设施发展，而是应将邮轮旅游纳入城市宏观战略、详细规划与微观设计，实现邮轮港口与旅游城市的一体化发展。

（一）邮轮港口与宏观城市规划一体化

邮轮港口能够促进城市形成新的增长极、促进城市的多中心发展。例如，荷兰阿姆斯特丹的城市空间形态表现出"单中心"特征，位于城市中心的传统旅游区经过多年发展，旅游功能较为单一，并有过度拥堵的趋势。通过发展邮轮旅游，能够在城市中心之外构建新的旅游增长极，通过旅游功能区之间的基础设施和旅游廊道建设，能够带动整个区域的旅游产业均衡发展。鹿特丹港通过邮轮港口形成新增长中心的同时，又通过邮轮廊道、公共交通设施等将各中心、港口与内城、郊区与市中心等联系起来，最终实现城市一体化、多中心增长的目标。

（二）邮轮港口与微观城市设计一体化

邮轮港口及周边区域大多是综合性的旅游目的地，建设有多元化的旅游产品以及配套服务设施，不仅是为邮轮旅游服务，而是成为城市重要的旅游功能区。将邮轮旅游发展与城市的水岸开发、城市更新、旅游开发联系起来，能够实现城市土地的强化利用，土地功能的多元化开发，港口历史文化遗产的保护性开发，并缩短水岸与城市中心的距离。例如，马耳他的瓦莱塔邮轮港口建设项目，除了客运大楼以外，还配套建设了一个购物中心、一个文化旅游综合体、一个水景广场，成为综合性的旅游目的地。阿姆斯特丹邮轮港口周边已经建成了以水景为主题的旅游项目聚集地，具有多个旅游景点，并且常年策划航海旅游节庆活动。邮轮港口周边地区也不应仅为游客提供服务，而是应建成游客与市民共享的生活空间。例如，阿姆斯特丹和鹿特丹的邮轮港口周边区域都实现了综合性、多功能的开发，配套建设了居民公寓、酒店、写字楼、酒吧、咖啡馆等设施，与城市发展实现了有效整合，邮轮港口周边区域已经成为普通市民开展休闲娱乐活动的重要场所。既让邮轮旅游发展获得了普通市民的支持，又以居民需求支撑起了邮轮旅游设施的建设和运营，最终实现了旅游发展与城市发展的双赢。

（三）邮轮港口与城市旅游功能一体化

邮轮港口以及客运大楼应具有鲜明的时代特征和城市形象，成为城市的地标性建筑和靓丽景观。邮轮旅游客运大楼除了具有基本的游客集散功能以外，大部分还具有会议、展览、零售、音乐厅、剧院、娱乐等多元化功能，这些功能能够随邮轮旅游者规模增减而弹性转换，既为邮轮设施的运营增添了新的收入来源，又在邮轮旅游淡季稳定了营业收入，还为周边市民提供了休闲活动场所，实现了旅游服务、城市休闲、居民服务的统一。

（四）邮轮旅游产品与城市旅游产品一体化

旅游城市应着眼于建设与邮轮旅游互补的城市旅游产品体系，两者形成协调的产业创新步伐，将邮轮旅游看作城市旅游发展的推动力，而绝非是城市旅游发展的替代品。城市旅游应该与邮轮旅游实现错位发展，重点发展具有城市鲜明特征、不能被邮轮所替代的旅游产品，包括历史街区、都市观光、特色节庆活动、人文景观等。邮轮旅游者的消费主要集中在邮轮港口附近，美国迈阿密的"Art Deco"装饰艺术区、基维斯特港口周边的马洛里广场和杜鲁门海滨、卡纳维拉尔港周边的罗恩乔恩冲浪主题商店，都是与邮轮旅游产品互补的优秀城市旅游产品。

五、邮轮港口与旅游腹地一体化

多港口门户区域形成、港口腹地网络化发展、港口区域化等是近年来全球港口系统发展的重要趋势（Notteboom，2010）。具体到邮轮旅游而言，邮轮产业处于快速的整合进程中。邮轮旅游包括邮轮企业、邮轮港口和旅游目的地三大主体，其中邮轮企业和邮轮港口的整合已取得长足进步，邮轮港口和旅游目的地整合是未来区域一体化的重点。旅游目的地包括旅游城市和旅游腹地两部分，上面已简述邮轮港口与旅游城市的一体化机制，以下简述邮轮港口与旅游腹地的一体化机制和主要类型。

（一）港口腹地一体化的作用机制

港口腹地一体化促进邮轮旅游发展的机制主要表现在以下三个方面。

1. 促进旅游目的地可持续发展

随着邮轮产品从奢侈旅游市场向大众旅游市场渗透，邮轮产业的市场渗透率不断提升，因此不断扩大的市场就对邮轮产业的接待能力不断提出更高要求（De Cantis et al.，2016）。邮轮产业普遍采用"供给推动"型发展战略（Rodrigue et al.，2013），产业增长瓶颈主要是靠"供给扩张"而不是"需求增加"。因此邮轮港口和岸上景区的承载力达到饱和时会制约邮轮产业的进一步增长。邮轮港口承载力的提升可以通过新建或扩建港口实现，而岸上景区承载力的提升则必须通过港口腹地一体化来增加景区数量和旅游空间。

邮轮旅游会对旅游目的地居民带来负面效应。例如短时间内大量游客涌入导致交通拥堵、公共设施不足、干扰居民生活等问题，大量邮轮停靠也可能增加空气污染和垃圾排放，并影响城市景观。特别是在接近或超过承载力时，邮轮旅游带来的负面效应更为明显（Stefanidaki et al.，2014）。通过港口腹地一体化来拓展旅游腹地范围，能够有效缓解邮轮旅游带来的负面效应。

2. 做大目的地旅游经济规模

虽然我们常把邮轮看作漂浮的目的地，但实际上邮轮旅游行程却主要是在岸上发生的（Papathanassis，2017）。邮轮和岸上旅游目的地存在直接竞争关系，岸上旅游企业难以涉足邮轮船上产业链。特别是邮轮企业采取收购、租赁、特许经营等多种方式，不断整合邮轮港口、岛屿、港口周边景区等岸上旅游资源，进一步掌控旅游目的地产业链。如果不能有效做大邮轮旅游目的地经济规模，制衡邮轮企业拥有的强势地位，邮轮港口和旅游目的地存在被边缘化的风险（Gui et al.，2011）。

埃斯特韦－佩雷等（Esteve－Perez et al.，2015）通过研究发现，虽然加勒比海和地中海区域都是世界级邮轮旅游目的地，但是由于地中海区域的岸上旅游目的地更为发达，因此邮轮港口和旅游目的地从邮轮旅游中获取了更多利益。相反，由于加勒比海邮轮旅游价值链的更大部分被邮轮企业所掌控，给旅游目的地带来的利益显著更少，加勒比海也成为邮轮旅游与目的地社区发展脱节的典型案例。

除了旅游业，旅游目的地还能够通过发展邮轮相关产业集群来获益。例如邮轮总部经济、邮轮船供、邮轮服务、邮轮建造等。经济合作与发展组织（OECD，2014）发现港口的产业联系大部分发生在港口区域之外，仅有少于5%的供给经济联系发生在港口或者港口区域。因此，建设港口并不可能自然带来邮轮相关产业集群，只有通过港口腹地一体化发展，构建有利于邮轮相关产业发展的良好营商环境，才可能在旅游目的地培育出邮轮相关产业集群。

综上所述，邮轮港口通过扩大腹地范围、增强港口腹地联系，能够扩大旅游目的地的邮轮产业经济规模、促进区域经济发展，有利于让旅游目的地从邮轮旅游的发展中获取更多利益。

3. 提升邮轮企业核心竞争力

邮轮旅游是极具创新性的旅游产品，邮轮企业依靠持续的旅游产品创新，来保证邮轮旅游的重游率。这种邮轮产品的创新既包括邮轮自身及船上旅游产品的创新，也包括邮轮航线和旅游目的地体系的创新。对于大部分邮轮旅游产品而言，邮轮航线和旅游目的地是主要的产品区分因素（Papathanassis，2017）。不同的旅游目的地代表着全新的邮轮产品，邮轮旅游者能够获得截然不同的旅游体验。旅游者选择邮轮产品的决定因素首先是目的地，其次才是价格等因素。由于邮轮旅游者对相同邮轮旅游目的地的重游率较低，所以邮轮企业热衷于持续寻找新的邮轮旅游目的地，进而开发新的邮轮旅游产品体系。因此，港口腹地一体化能够形成新的邮轮旅游产品，有利于邮轮产业持续创新，也为邮轮企业增强核心竞争力提供了战略空间（Rodrigue et al.，2013）。

（二）港口腹地一体化主要类型

邮轮港口周边可供邮轮旅游者旅游的区域被称为旅游腹地，连接单个港口的腹地被称为独占型腹地，连接多个港口的腹地被称为竞争型腹地，港口在进入竞争型腹地时会形成竞争关系（Esteve－Perez et al.，2015）。邮轮港口的旅游腹地范围受邮轮旅游者游览时间影响。针对邮轮母港而言，邮轮旅游者可以利用邮轮旅游之前和之后的时间来进行旅游，很多人还在旅游腹地过夜，因此邮轮腹地范围很大，半径甚至可以达到数百千米。针对邮轮访问港而言，由于邮轮旅游者仅有数小时的时间上岸游览，因此旅游腹地在邮轮港口周边很小范围内。据德坎蒂斯研究，邮轮旅游者在访问港的平均活动半径为 3 千米（De Cantis，2016）。
古伊等（Gui et al.，2011）将港口与腹地关系分为黑洞型、半门户型、门户型、平衡型四种，埃斯特韦－佩雷等（Esteve－Perez et al.，

2015）进一步将其细分为黑洞型、半黑洞型、平衡型、半门户型、门户型等五种模式，见图5-1。

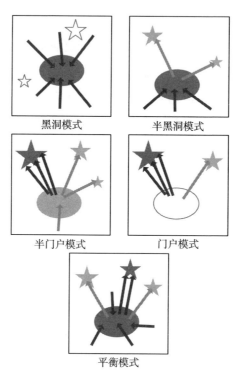

黑洞模式   半黑洞模式

半门户模式   门户模式

平衡模式

图5-1 邮轮港口区域化主要模式

资料来源：Esteve - Perez, Jeronimo, and Antonio Garcia - Sanchez. Cruise market：Stakeholders and the role of ports and tourist hinterlands［J］. *Maritime Economics & Logistics*，2015，17（3）：371 - 388.

第一种为"黑洞模式"，以威尼斯、巴塞罗那和瓦伦西亚等为代表。邮轮港口所在旅游城市具有顶级旅游资源，是所有到访邮轮旅游者的必游之地，旅游城市像一个黑洞一样，把所有的邮轮旅游者都吸引过去，成为唯一的旅游目的地。旅游腹地缺少旅游资源，很少有旅游者到旅游腹地进行游览。由于所有旅游者聚集在旅游城市，可能导致旅游城市较为拥挤，而旅游腹地则未从邮轮旅游发展中获益。从未来发展方向看，应该开发旅游腹地的旅游资源，鼓励旅游者扩散到旅游腹地，并增强港口城市与旅游腹地的交通连接。

第二种为"半黑洞模式"，以西班牙帕尔马、塞维利亚为代表。邮轮港口所在旅游城市有顶级旅游资源，邮轮旅游者主要受该旅游景点吸引上岸游览。旅游腹地仅有次级旅游资源，仅有部分邮轮旅游者去往旅游腹地游览。旅游腹地并未从邮轮旅游发展中充分获益，邮轮旅游目的地一体化的综合效益并未得到充分释放。从未来发展方向看，接待量接近饱和的旅游城市可以向旅游腹地主动转移部分旅游功能，旅游腹地也应结合自身优势主动发展互补型旅游产品，构建综合型旅游目的地。

第三种为"半门户模式"，以西班牙塔拉戈纳、意大利的里雅斯特为代表。邮轮港口所在旅游城市有次级旅游资源，邮轮旅游者上岸后会在当地进行游览，但是旅游腹地具有顶级旅游资源，其吸引力远强于邮轮港口所在旅游城市，邮轮旅游者主要前往旅游腹地进行游览。邮轮港口所在旅游城市可能较多地承担了邮轮旅游产生的负面影响，却未获得足够的收益来补偿。从未来发展方向看，邮轮港口所在旅游城市可以借势开发互补型旅游产品，与旅游腹地共同打造旅游产品体系，并在国内外旅游市场中共同推广。

第四种为"门户模式"，以意大利的奇维塔韦基亚、西班牙的帕拉莫斯、韩国的仁川等为代表。邮轮港口所在旅游城市缺乏旅游资源，邮轮旅游者仅将其作为登陆的门户，上岸以后迅速前往旅游腹地的顶级旅游景点游览，很少在当地停留。邮轮旅游产生的负面影响集中在邮轮港口所在旅游城市，但是收益却主要输送到了旅游腹地。过多的邮轮旅游者可能会超出旅游腹地的承载力，邮轮港口所在旅游城市由于从邮轮旅游中收益较少，缺乏配合旅游腹地发展的积极性，可能成为邮轮旅游发展的瓶颈因素。从未来发展方向看，邮轮港口所在旅游城市应该积极调整旅游产品供给，特别是发展对遗产资源依赖较小的人造型旅游景区，争取留住邮轮旅游者和相关消费。

第五种为"平衡模式"，以意大利的拉文纳、巴里等为代表。邮轮港口所在旅游城市和周边旅游腹地都有顶级旅游资源，旅游城市兼顾旅游目的地和旅游集散中心的功能，港口与腹地间有良好的交通连接。邮轮旅游者相对均衡地在整个区域分布，并通过网络化的交通体系串联起旅游资源和相关要素，最终实现了邮轮旅游业的平衡发展。"平衡模式"是较为理想的港口腹地一体化模式，能够在旅游负面影响管控、邮轮企业运营、旅游者体验、区域经济发展等方面实现动态平衡，充分释放邮轮旅游的综合效益。从未来发展方向看，邮轮港口所在旅游城市和旅游腹地应该进一步强化旅游一体化程度，作为统一的邮轮旅游目的地共同发展。

六、邮轮旅游目的地一体化案例

以下简述国外区域旅游一体化和邮轮旅游目的地发展的部分典型案例，以供长三角邮轮旅游目的地发展参考借鉴。

（一）地中海沿岸

帕利斯和阿拉皮（Pallis & Arapi，2016）研究了地中海沿岸的69个邮轮港口，它们占到地中海沿岸邮轮旅游者数和邮轮挂靠数的80%，并将其进一步分为了西地中海、亚德里亚海、东地中海、黑海四个区域。帕利斯和阿拉皮研究发现，在发展的初期，每一个邮轮港口都对应各自的旅游目的地，单个旅游目的地的旅游者接待规模较小。随着发展逐步成熟，旅游目的地之间逐步融合，每个区域内部由"多个单港口邮轮旅游目的地"融合成为"单个多港口邮轮旅游目的地"（multi-port cruise region），每个旅游目的地能够接待数百万旅游者。

帕利斯和阿拉皮进而研究了多港口邮轮旅游目的地产生的基础，主要包括以下三点：（1）区域内多个邮轮港口组成地理共同体；（2）这些邮轮港口共同服务具有共性的相近旅游目的地；（3）这些港口之间通过邮轮访问和邮轮航线运营形成竞争合作关系。

帕利斯和阿拉皮发现，地中海沿岸的邮轮母港各自发挥着独特的功能，并与特定的客源市场相联系。例如英国旅游者喜欢从西班牙和马耳他的邮轮母港出发，意大利、西班牙、法国的旅游者喜欢从各自国家的地中海沿岸港口出发，德国旅游者出发的母港则较为分散。

（二）欧洲文化路径

1954 年欧洲文化大会召开后，欧洲委员会（Council of Europe）开始研究以文化路径的方式促进欧洲文化合作。1987 年欧洲委员会设立了"圣地亚哥朝圣路径"，是第一条欧洲文化路径。截至 2024 年，欧洲委员会总共设立了 47 条文化路径[①]，每一条路径都有鲜明的主题，将各国的特色文化遗产串联起来形成旅游线路，例如"维京路径""橄榄树路径""莫扎特路径""拿破仑路径""温泉小镇路径""陶器路径""史前岩画路径""查理五世皇帝路径""欧洲童话路径""女性作家路径"等。这些文化路径能够展示欧洲的历史记忆和文化遗产，也能够展现今日欧洲的文化多样性。

1998 年欧洲委员会和卢森堡文化教育和研究部共同设立了欧洲文化路径研究所（European Institute of Cultural Routes），作为实施和维护欧洲文化路径项目的常设机构，并针对欧洲文化路径开展研究、会展、宣传、评估等工作。

（三）印度洋岛国

印度洋的科摩罗、马达加斯加、塞舌尔和毛里求斯四个国家具有优

---

① 欧洲委员会，https：//www.coe.int/en/web/cultural-routes。

越的旅游资源，但是区域旅游发展水平较低，一体化程度与加勒比海区域和南太平洋区域相比还有较大差距。为了推动区域旅游一体化，四个国家组建了香草群岛组织（Vanilla Islands Organization），作为常设机构来促进区域旅游的共同发展。

世界银行为四个印度洋岛国的区域旅游一体化确定了四大政策优先发展领域（World Bank，2013）：

一是改善航空交通联系。协调各国的出入境政策，增加连接各国的航线，还可以考虑引入廉价航空。

二是构建旅游发展能力。在区域内部开展旅游培训计划，建立共同的旅游质量认证标识，吸引旅游人才入驻。

三是开发区域旅游产品。共同制定区域邮轮旅游发展战略，并在此基础上制定各个国家的邮轮旅游实施计划。积极鼓励旅行社来本区域考察旅游产品。

四是共同开展市场营销。形成共同的区域旅游形象并积极向外推广。共同搜集旅游统计并出版旅游研究报告。采取多种方式营销区域旅游目的地。

通过区域旅游一体化，能够在四个印度洋岛国营造良好的旅游业营商环境，有利于扩大旅游业规模、增加旅游业投资。

（四）欧盟旅游一体化

2010年欧盟发布了《欧洲，世界第一的旅游目的地》研究报告（European Commission，2010），指出了欧盟旅游一体化战略的四个主要方面：

1. 提升欧洲旅游业竞争力

（1）增强旅游产业供给多样性。形成共同的旅游产业多元化发展战略，基于欧盟共同的遗产打造产品，创建欧洲遗产标志。设立欧洲遗产日以及欧盟文化遗产奖。将自然遗产纳入旅游战略。

（2）鼓励旅游产业创新。搭建旅游与信息技术融合发展平台，鼓励在旅游行业的运用，以此提升竞争力。鼓励旅游与电子商务结合。

（3）提升旅游专业技能。开展各种类型旅游人才培训计划和项目。

（4）积极拓展适游季节。在欧盟国家之间鼓励旅游交流机制。支持和鼓励老年人、青少年、残疾人、低收入者等弱势群体在旅游淡季进行旅游。创立网上信息交换机制，鼓励欧盟国家之间协调学校假期时间。

（5）监测旅游者满意度。在短期，将研究机构、大学、监管机构、各级政府、旅游局等组成监测网络。在中期，组建"虚拟旅游观测站"来协调各种研究机构的研究活动，并在欧洲层面发布经济社会数据和游客满意度数据。

2. 发展可持续、负责任、高质量旅游

（1）形成目的地可持续管理的指标体系，并对可持续性进行标签认证。

（2）提升欧洲旅游者现代旅游意识。

（3）形成欧洲"质量旅游"品牌，保障旅游消费者的安全和信心。

（4）研究气候变化可能对旅游业带来的影响，以避免投资损失，并研究相伴随的旅游产业机会。

（5）颁布欧洲旅游可持续和负责任发展宪章，进而颁布欧洲旅游商业和目的地奖。

（6）形成可持续海洋和海岸旅游战略。

（7）增强欧盟与主要新兴经济体之间的合作关系。

3. 将欧洲打造成可持续和高品质旅游目的地

（1）与欧盟国家合作打造"欧洲品牌"，让欧洲旅游目的地区别于其他国际旅游目的地。

（2）构建游览欧洲网站，提升欧洲作为整体目的地的吸引力。

（3）在主要的国际展会和博览会上共同推广营销。

（4）增强欧盟在世界旅游组织、经济合作与发展组织等国际组织中的参与度和代表性。

4. 综合利用欧盟财经政策和工具发展旅游

在出台旅游一体化政策的同时，充分利用欧盟一体化进程中的交通、农业、服务业、就业、可持续发展等行业和领域中的现有政策和项目来促进欧盟旅游一体化发展。

（五）佛罗里达州中部区域

王有成等（Wang et al.，2013）研究了美国佛罗里达州中部7个县在区域旅游一体化的进程中合作开展市场营销的推动力和制约因素。

1. 合作动机

（1）各县通过合作能够降低市场营销的成本，并且能够进入仅凭一县之力难以形成市场。

（2）综合打造各县旅游产品体系，能够提升旅游者体验，满足旅游者的多元化需求。

（3）各县之间可以形成共同的旅游品牌形象。

（4）共享旅游服务设施。景点之间互相推广、互相授权经营，共同使用游客服务中心。

（5）各县之间能够通过合作来共享旅游发展知识和经验。

2. 制约因素

（1）县级财政职能。各县的财政支出主要考虑本县利益，为本县纳税人负责。因此地方财政结构可能会制约区域合作。

（2）县级财政资源。各县为区域旅游一体化投入的财政资源差距较大，难以处理投入产出中的公平问题。

（3）地区竞争。各县之间存在竞争关系，有时会因为利益受损而导致难以深入合作。

（4）权力不对等。由于各县投入的财政资源差距较大，各县旅游产业的发达程度不同，导致了各县在旅游一体化过程中拥有不对等权力。

（5）异质旅游产品和市场。可能会导致在共同的市场营销过程中存在摩擦。

（六）加勒比海区域

加勒比海国家在"加勒比海单一市场和经济体"（Caribbean Single Market and Economy，CSME）框架下推进区域旅游一体化。具体而言，CSME框架下的区域旅游一体化主要内容包括：旅游服务提供者在各国自由移动、自然人在各国自由移动（包括普通人和专家两种）、资本在各国自由移动（自由投资和成立企业等）、区域共同改善旅游营商环境等。

库瓦斯等（Cubas et al.，2015）针对加勒比海国家邮轮旅游与区域经济发展脱节指出，各国邮轮港口应该集中与邮轮企业谈判，同时要协调各国的邮轮产业投资和邮轮港口共享，形成区域的辐射状邮轮航线系统。

第二节 长三角邮轮旅游目的地发展现状

本节从旅游客源地、旅游目的地、旅游流等视角研究长三角区域旅游一体化的现状和发展趋势，研究长三角邮轮旅游目的地的邮轮港口、旅游城市和旅游腹地等整合发展情况。

一、长三角区域旅游一体化发展现状

(一) 长三角是全国最重要旅游客源地和目的地

长三角区域包括上海、江苏和浙江，是我国经济发展水平最高的地区。各省份公布的国民经济和社会发展统计公报显示，2021 年上海、江苏和浙江的人均国内生产总值分别约为 17.36 万元、13.70 万元和 11.30 万元，折合 2.69 万美元、2.12 万美元和 1.75 万美元，见表 5-5。从区域经济来看，两省一市均已跨过世界银行 2021 年 7 月确定的 12695 美元的高收入经济体门槛[①]。

表 5-5　　　　2021 年长三角区域的部分经济和旅游指标

地区	人均国内 （地区） 生产总值 （元）	城镇居民 人均可支 配收入 （元）	农村居民 人均可支 配收入 （元）	国内出游 率指数	客源市场 规模指数	国内旅游 总收入全 国排名
上海	173593	82429	38521	1.000	0.506	19
江苏	137039	57743	26791	0.516	0.734	1
浙江	113032	68487	35247	0.836	1.000	2
全国	80976	47412	18931	—	—	—

资料来源：2021 年全国及各省市国民经济和社会发展统计公报、第七次全国人口普查公报、中国旅游研究院《中国国内旅游发展年度报告 2022》。

---

① 世界银行，https：//blogs. worldbank. org/opendata/new - world - bank - country - classifi-cations - income - level - 2021 - 2022。

在成为高收入经济体的背景下，长三角居民的旅游需求进入了数量扩张期和品质提升期。中国旅游研究院的《中国国内旅游发展年度报告2022》显示，2021年浙江、江苏和上海的客源市场规模指数在全国排名分别为第1位（1.000）、第4位（0.734）和第6位（0.506），是全国重要的旅游客源地（中国旅游研究院，2022b）。

从旅游目的地来看，2021年江苏、浙江和上海的国内旅游总收入在全国排名分别为第1位、第2位和第19位，因此长三角也是全国最重要的旅游目的地（中国旅游研究院，2022b）。长三角区域是重要客源地和目的地的重合区，旅游一体化和邮轮旅游目的地发展具有广阔前景。

（二）长三角是全国旅游流骨干网络的重要支撑

为了研究全国各区域间旅游流空间结构特征，中国旅游研究院分析了2020年全国跨区域的每日航班数，可以反映我国区域间旅游流特征。如表5-6所示，环渤海、长三角、珠三角和成渝四大区域之间的旅游流，构成了全国跨区域旅游流的骨干网络。长三角区域位于我国旅游骨干网络之内，同时长三角与环渤海、珠三角和成渝三大区域间联系最为紧密。

表5-6　　　　　　　2020年全国区域间旅游流矩阵

客源地	目的地						
	环渤海地区	长三角地区	珠三角地区	中部地区	东北地区	成渝地区	云贵地区
环渤海地区	4	56	70	21	9	78	45
长三角地区	55	1	112	49	29	109	73
珠三角地区	72	160	12	46	21	111	40
中部地区	22	48	45	3	11	44	31

续表

客源地	目的地						
	环渤海地区	长三角地区	珠三角地区	中部地区	东北地区	成渝地区	云贵地区
东北地区	9	29	19	10	0	15	11
成渝地区	75	109	108	44	16	0	33
云贵地区	39	70	39	31	9	33	0

资料来源：中国旅游研究院．中国国内旅游发展年度报告 2020［R］．北京：旅游教育出版社，2021．

表 5-7 显示了长三角区域两省一市作为客源地的主要旅游流流向，可以看出，长三角区域的旅游者主要流向广东、北京、四川、重庆、云南等省市。

表 5-7　　　　　　2020 年长三角区域旅游者流向结构

客源地	目的地																
	北京	天津	河北	山东	上海	江苏	浙江	广东	福建	湖北	湖南	河南	辽宁	四川	重庆	云南	贵州
上海	17	9	6	2	0	1	0	68	4	6	16	8	15	28	22	18	10
江苏	3	0	2	0	0	0	0	35	5	0	7	1	9	11	13	14	9
浙江	9	3	4	0	0	0	0	46	0	2	7	5	18	17	10	12	

资料来源：中国旅游研究院．中国国内旅游发展年度报告 2020［R］．北京：旅游教育出版社，2021．

表 5-8 显示了长三角区域两省一市作为旅游目的地的主要客源结构。可以看出，长三角区域的旅游客源主要来自广东、北京、福建、四川、重庆、云南、贵州等省市，基本上与旅游流向结构重合。

表 5 - 8 2020 年长三角区域旅游客源结构

客源地 / 目的地	北京	天津	河北	山东	上海	江苏	浙江	广东	福建	湖北	湖南	河南	辽宁	四川	重庆	云南	贵州
上海	16	9	5	2	0	0	0	69	4	6	15	8	15	29	22	18	9
江苏	3	1	2	0	1	0	0	36	5	0	7	1	9	11	12	13	8
浙江	10	4	4	0	0	0	0	46	0	2	2	7	5	18	17	10	12

资料来源：中国旅游研究院．中国国内旅游发展年度报告 2020［R］．北京：旅游教育出版社，2021．

通过摸清长三角区域旅游者的来源和去向，有助于加强跨区域旅游合作，规划邮轮旅游者的岸上旅游线路，推动邮轮旅游的精准市场营销。

（三）上海是长三角区域的旅游交通和集散中心

上海是长三角区域旅游集散中心。从表 5 - 9 可以看出，在长三角区域的民航机场中，2023 年上海占据了旅客吞吐量的 42.94%。从区域间旅游联系来看，上海是长三角区内与区外发生旅游联系的中转枢纽，具有重要的入境旅游、国内旅游集散功能。

表 5 - 9 2023 年长三角区域民航机场吞吐量

地区	旅客吞吐量	
	数值（万人）	比重（%）
上海	9696.9	42.94
江苏	5482.1	24.28
浙江	7402.6	32.78
合计	22581.6	100

资料来源：中国民用航空局．2023 年全国民用运输机场生产统计公报［R］．北京：中国民用航空局，2024．

从区域内旅游联系来看，中国旅游研究院研究了长三角区域内部主要城市间每日通行列车数，以此来反映长三角区域内旅游流特征。

如表 5 - 10 所示，在长三角区域内部，上海与南京、苏州、杭州等城市之间的旅游联系最为紧密，而江苏和浙江之间旅游联系则远没有江浙分别与上海之间的联系紧密。因此，从区域内旅游联系来看，上海也是长三角区域内部旅游流动的中转枢纽，具有重要的区域内旅游集散功能。

表 5 - 10 　　　　　　　　2020 年长三角地区内部旅游流矩阵

客源地		目的地						
		上海	江苏			浙江		
			南京	苏州	扬州	杭州	宁波	绍兴
上海		—	298	260	0	195	56	41
江苏	南京	290				147	47	38
	苏州	260				48	17	14
	扬州	0				0	0	0
	常州	216		—		42	16	13
	连云港	3				2	0	0
	无锡	235				44	15	13
	泰州	0				0	0	0
	徐州	102				56	17	15
	镇江	150				26	9	8
浙江	杭州	191	146	47	0			
	宁波	50	48	16	0			
	温州	47	48	13	0			
	绍兴	43	39	14	0		—	
	嘉兴	139	34	36	0			
	金华	95	43	14	0			
	衢州	51	18	8	0			
	台州	23	21	6	0			
	丽水	16	21	3	0			

资料来源：中国旅游研究院. 中国国内旅游发展年度报告 2020 ［R］. 北京：旅游教育出版社，2021.

（四）江浙是长三角区域的旅游产品和服务腹地

上海虽然是长三角区域的旅游交通和集散中心，但是从旅游吸引力和综合服务能力来看却不具有显著优势。表 5 – 11 显示了长三角区域的部分旅游统计指标。上海有 3 个 5A 级景区，仅占长三角区域的 6.7%，旅游景区指数排名全国第 26 位。因此，长三角区域的绝大部分旅游吸引物都分布在江苏和浙江两省境内。

表 5 – 11　　　　　　　　长三角区域部分旅游统计指标

地区	旅游吸引物					旅游接待能力	
	5A 级景区（个）	旅游景区指数全国排名	外国游客人均天花费（美元/人天）	外国游客到各地区首次旅游比重（%）	星级饭店营业收入（亿元）	五星级饭店（家）	每间可供出租客房收入（元/间夜）
上海	3	26	293.08	42.9	101.17	71	221.31
江苏	24	1	307.04	60.1	110.17	78	147.68
浙江	18	2	250.99	60.3	120.61	82	137.19
合计	45	—	—	—	331.95	231	—

注：旅游景区和外国游客为 2019 年数据，星级饭店为 2020 年数据。

资料来源：《中国文化文物和旅游统计年鉴 2020》《旅游抽样调查资料 2020》《中国国内旅游发展年度报告 2021》《2020 年度全国星级饭店统计报告》。

从旅游接待能力来看，上海的优势主要体现在质而并非量上。2020 年上海有 72 家五星级饭店，占长三角区域的 30.0%，星级饭店营业收入 101.17 亿元，占长三角区域的 30.5%（文化和旅游部，2021）。但是，上海星级饭店的每间出租可供出租客房收入要显著高于江苏和浙江。可见，上海旅游服务的集聚能力比旅游吸引物略高，但也没有在长三角区域占据显著优势，江苏和浙江两省已经具备了较为完善的旅游接待能力。

综上所述，上海在长三角区域具有显著的交通和集散功能，江浙在长三角区域具有显著的产品和服务功能。上海作为长三角区域的旅游集散中心，只有与江苏和浙江这两个旅游产品腹地一体化发展，才有可能建成产品丰富、功能合理、集散便捷的旅游目的地。

（五）长三角区域内旅游产业发展质量差距缩小

图 5 - 2 和图 5 - 3 分别显示了 1990～2020 年以来长三角区域各省市入境和国内旅游的规模和质量。其中柱状图表示旅游接待人数，折线图表示旅游人均消费。

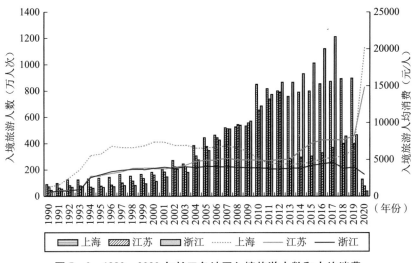

图 5 - 2 1990～2020 年长三角地区入境旅游人数和人均消费

资料来源：上海、江苏和浙江的各年度国民经济和社会发展统计公报。

1990 年上海接待了 89.3 万人次入境旅游者，江苏和浙江分别接待了 72.5 万人次和 45.6 万人次。同时，上海的入境旅游人均消费为 1232 元，显著高于江苏和浙江的 469 元和 567 元。在我国旅游业发展初期，上海的入境旅游业无论从数量还是质量上都高于江浙两省。但是随着江浙入境旅游业的快速发展，上海的入境旅游人数于 2008 年被江浙两省超越，入境旅游人均消费于 2011 年被江苏超越。

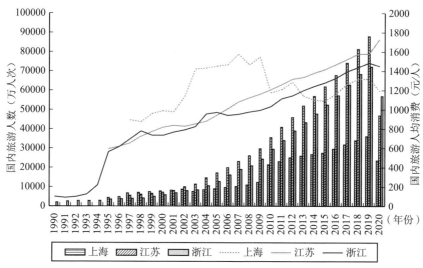

图 5－3　1990～2020 年长三角地区国内旅游人数和人均消费

资料来源：上海、江苏和浙江的各年度国民经济和社会发展统计公报。

从长三角区域内部的国内旅游发展也可以看出相似的规律。在长三角旅游业发展的初期，上海的国内旅游业处于领先地位。2003 年上海的国内旅游人数分别被江浙两省超越。此后，上海的国内旅游人数和国内旅游人均消费均低于江浙两省。

综上所述，上海与江浙两省的旅游业从垂直分工向水平分工转变，长三角区域内部的旅游业发展水平在趋于均衡化。上海与江浙两省旅游一体化发展，才有可能优势互补，壮大长三角区域旅游经济实力。

（六）长三角区域旅游一体化已有良好合作基础

2011 年，上海、江苏、浙江和安徽四省市举行"长三角旅游合作第一次联席会议"，首次提出创新沪苏浙皖旅游合作，标志着长三角旅游一体化从市场自发性行动进入了制度自主性对接阶段。三省一市充分发挥长三角旅游合作联席会议的平台作用，先后签署了《沪苏浙皖旅游一体化合作框架协议》《共同推进长三角休闲度假旅游发展合作协议》《长三角地区率先实现旅游一体化行动纲领》《长三角旅游发展合作苏州共识》《长三角区域旅游一体化发展杭州方案》《推进长三角区域旅游一体化发展 2018 年行动计划》《长三角地区高品质世界著名旅游目的地战略合作协议》等文件，长三角区域旅游一体化进程不断加快。表 5 - 12 为长三角区域旅游一体化主要类型和措施。

表 5 - 12　　　　　　长三角区域旅游一体化主要类型和措施

主要类型	功能目标	具体措施
自由旅游区	破除旅游者在区域内自由流动的交通和制度障碍，实现旅游者在长三角区域内无障碍自由流动	（1）长三角高铁旅游联盟合作机制； （2）外国人 144 小时过境免签； （3）外国旅游团乘坐邮轮入境免签政策； （4）长三角区域旅游"一卡通"工程
共同旅游市场	推动区域内旅游产业要素自由流动，实现产业要素合理配置，促进旅游项目和产品一体化发展	（1）共同建设旅游精品景区、线路和产品； （2）长三角区域主要景区产品联动优惠机制； （3）长三角智慧旅游公共服务体系
旅游目的地	通过旅游信息、基础设施和公共服务等方面的整合，打造一体化的旅游线路，塑造统一的区域旅游形象并共同对外推广	（1）加强区域整体宣传营销； （2）打响长三角区域旅游品牌； （3）统一长三角境外宣传整体标识系统； （4）共同建设旅游营销平台和网络； （5）"畅游沪苏浙皖，乐享品质旅游"旅游形象； （6）共同开展长三角旅游主题推广活动； （7）共同参加重点旅游展会； （8）联合开展大型旅游节庆活动； （9）共建区域旅游信息库

主要类型	功能目标	具体措施
旅游合作联盟	建立常态化机制来协调长三角区域内旅游发展制度和政策，保障旅游合作效益	（1）延续长三角旅游合作联席会议； （2）共同编制长三角旅游发展总体规划； （3）加强统筹发展和市场监管； （4）制定统一的服务收费项目和标准； （5）建立统一的执法监督协调机制； （6）营造长三角文明旅游环境
一体化旅游区	建立常设性共同旅游管理机构，保障区域旅游合作顺利进行，旅游合作的各种障碍均被打破，旅游发展完全实现一体化	—

资料来源：作者基于戴斌和黄璜（2016）整理。

长三角区域已建立起了旅游者自由流动的"自由旅游区"，建立起了旅游资源共同开发和产业要素自由流动的"共同旅游市场"，通过共同的营销活动来建设"长三角旅游目的地"，建立起了定期协商机制形成"旅游合作联盟"。未来发展的重点是通过常设性的旅游管理机构建成"一体化旅游区"。

二、长三角邮轮旅游目的地发展现状

（一）长三角缺乏完善的邮轮港口体系

上海市已经形成了"两主一备"的市内邮轮港口体系，7万吨以下的邮轮靠泊国际客运中心，7万吨以上的邮轮靠泊吴淞口邮轮码头，外高桥海通码头作为备用码头。2019年上海两个邮轮港口共接待189.3万人次邮轮旅游者，其中吴淞口国际邮轮港接待了187.1万人次（占全市98.8%），上海港国际客运中心接待了2.20万人次（占全市1.2%），吴淞口国际邮轮港占据了上海邮轮旅游者接待量的主体（中国交通运输协会邮轮游艇分会等，2019）。

长三角除了上海以外，还有三座城市拥有邮轮港口，分别是舟山、温州和连云港。2019 年以温州为母港始发了 7 艘次邮轮，共接待了 2.96 万人次邮轮旅游者，以舟山为母港始发了 5 艘次邮轮，共接待了 1.60 万人次邮轮旅游者，温州和舟山都没有邮轮挂靠。2019 年连云港则没有任何邮轮始发或挂靠（中国交通运输协会邮轮游艇分会等，2019）。这三个邮轮港口主要承担邮轮始发功能，以中国人乘坐邮轮出境旅游为主，主要经营始发日韩航线，挂靠的访问邮轮较少，外国人乘坐邮轮入境旅游不多，长三角邮轮港口之间主要是竞争而非合作关系。此外，长三角拥有客运码头经适当改造后具备邮轮停靠条件的港口还有宁波港、台州港、嘉兴港、南京港、镇江港、无锡（江阴）港、南通港、苏州港等。

总体来看，长三角邮轮旅游客流主要集中在吴淞口国际邮轮港，其他邮轮港口接待游客数量相对较少，还没有串联形成遍布长三角的邮轮港口体系，缺乏长三角近海多点挂靠邮轮航线，制约了长三角邮轮入境旅游的发展。

（二）长三角邮轮港口和腹地整合程度不高

2019 年，上海的邮轮旅游者中母港旅游者占 95.6%、访问港旅游者占 4.4%，出境旅游是上海邮轮旅游的主体（中国交通运输协会邮轮游艇分会等，2019）。长三角现阶段的邮轮旅游腹地发展，主要以出境旅游的中国人在乘坐邮轮前后的岸上旅游为主，主要表现为中国人在长三角的国内旅游。少量挂靠航线主要访问上海并停留较短时间，主要表现为外国人在上海的城市旅游。从始发航线来看，缺乏国内旅游者乘船前后在整个长三角的跨省市深度旅游，缺乏外国旅游者乘坐长三角始发航线前后在长三角的入境旅游，也缺少上海以外母港始发航线带动的长三角腹地旅游。从挂靠航线来看，缺乏通过邮轮在访问港停靠带来的长三角各邮轮港口城市旅游。

由于长三角邮轮航线和邮轮产品较为单一，制约了邮轮企业的产品创新空间和运营弹性空间。旅游者选择邮轮产品的最主要决定因素是目的地，随着中国邮轮旅游市场渗透率不断提高，长远来看不利于提高长三角邮轮旅游的重游率。另外，长三角的邮轮总部、邮轮船供、邮轮服务、邮轮建造等相关产业集群主要集中在上海市，还很少辐射到江浙两省，还没有形成覆盖整个长三角的邮轮产业经济体系。

（三）长三角尚未建成邮轮旅游目的地

我国有漫长的海岸线、众多的沿海旅游城市、丰富的沿海自然文化资源，特别是长三角区域是全国最重要的旅游目的地。长三角沿海和沿江区域有丰富的旅游资源，现状长三角邮轮旅游目的地发展滞后，首先是由于航运制度制约，公海游、沿海游、"多点挂靠"航线等邮轮产品尚未发展起来。其次，邮轮港口和旅游城市、旅游城市和长三角旅游腹地、长三角旅游城市之间缺乏有效整合，邮轮港口没有带动长三角邮轮旅游目的地发展，最终导致长三角缺乏邮轮入境旅游吸引力。

第三节　长三角邮轮旅游目的地发展战略

本节提出长三角邮轮旅游目的地的发展目标和发展步骤，探索长三角邮轮旅游目的地一体化发展路径。

一、发展目标

（一）邮轮港口具有强劲竞争力

长三角的各邮轮港口应依据自身资源优势和功能定位，形成强劲的港口竞争力。邮轮访问港应在具备完善的港口服务设施、便利的区内外交通联系的基础上，具有独特的旅游产品和吸引力，能够进入热门邮轮航线并发挥旅游目的地功能。邮轮始发港应与客源市场和交通枢纽具有优良的交通联系，港口运营效率高，具备良好的邮轮靠泊和游客接待能力，具备旅游资源的始发港还应形成高品质旅游产品。邮轮母港应在兼具邮轮始发和邮轮访问重要功能的基础上，形成邮轮总部经济、邮轮船供、邮轮服务、邮轮建造等邮轮产业集群。

（二）形成科学的邮轮港口体系

长三角构建起布局、规模、结构和功能合理的邮轮港口体系。邮轮港口能够靠泊不同规模的邮轮，能够满足不同客源市场的始发需求，能够满足各种细分市场的岸上旅游需求，能够组成多元化的岸上旅游产品体系，能够串联形成有吸引力的邮轮航线，能够满足不同季节的邮轮旅游需求。各邮轮港口间形成良性的竞合关系。

长三角邮轮港口间建立起具有常设机构的邮轮港口合作机构，统一宏观发展规划，统一邮轮旅游目的地品牌形象，统一旅游服务标准，共享基础设施和公共服务，协调邮轮产业运营，共同推荐市场营销。鼓励大型企业集团在长三角的邮轮港口、邮轮产业、城市旅游、景区旅游等领域横向纵向兼并整合，以企业跨区域整合来推进邮轮旅游目的地一体化。

（三）邮轮港口与旅游城市一体化发展

长三角各邮轮港口与所在旅游城市从宏观城市规划、微观城市设计、港城旅游功能、港城旅游产品等方面实现一体化。充分发挥邮轮旅游在促进城市空间均衡增长、形成城市新兴增长极、完善城市旅游功能、提升水岸休闲游憩空间、健全城市旅游产品等方面的重要功能。将邮轮港口与旅游城市综合打造成完善的邮轮旅游目的地。

（四）邮轮港口与旅游腹地一体化发展

长三角各城市的多个"单港口邮轮旅游目的地"融合成为单个"多港口邮轮旅游目的地"，长三角邮轮旅游目的地基本实现一体化发展。长三角邮轮港口与旅游腹地关系进入"平衡模式"，邮轮港口所在旅游城市和周边旅游腹地有布局均衡的优质旅游产品，旅游城市兼顾邮轮旅游目的地和邮轮旅游集散中心的功能，旅游腹地与邮轮港口间由优质交通网络连接。邮轮旅游者相对均衡地在整个长三角地区分布，并通过网络化的交通体系串联起交通枢纽、旅游吸引物和旅游产业要素，最终实现了邮轮旅游目的地的平衡发展。

二、发展步骤

根据邮轮旅游目的地一体化发展的规律，可以将长三角邮轮旅游一体化的发展过程分为三个阶段。

（一）形成完善的邮轮港口体系

建设邮轮港口是发展邮轮旅游的基础。长三角在现有五个专用邮轮港口（上海吴淞口国际邮轮港、上海港国际客运中心、舟山群岛国际邮轮港、温州国际邮轮港、连云港国际邮轮母港）的基础上，进一步新建专用邮轮港口，改造现有沿海沿江客运码头并增加邮轮停靠功能，形成以上海港为邮轮母港，舟山港、温州港、连云港、宁波港、台州港、嘉兴港、南京港、镇江港、无锡（江阴）港、南通港、苏州港等为始发港和访问港的邮轮港口体系。

邮轮港口体系的布局、规模、结构和功能合理，能够满足多元化的邮轮始发、邮轮停靠和岸上旅游需求，能够串联成为有世界吸引力的长三角邮轮航线，邮轮港口间形成良性的竞合关系。有常设性邮轮港口合作机构来协调长三角邮轮港口间的合作。企业集团在邮轮港口体系整合中发挥重要作用。

（二）形成多个单港口邮轮旅游目的地

结合城市旅游发展总体规划，长三角各邮轮港口与所在旅游城市从宏观城市规划、微观城市设计、港城旅游功能、港城旅游产品等方面实现一体化。邮轮旅游成为城市旅游的重要驱动力，城市旅游成为邮轮旅游的重要发展空间。长三角形成多个各具特色的单港口邮轮旅游目的地。

在此阶段，邮轮港口间的竞争转变为邮轮旅游目的地间的竞争，由于长三角邮轮旅游目的地一体化尚未最终实现，邮轮旅游目的地之间的竞争可能大于合作。

（三）形成单个多港口邮轮旅游目的地

长三角在形成多个单港口邮轮旅游目的地的基础上，各邮轮港口组成完善的邮轮港口体系，通过区域旅游一体化的深入推进，各旅游城市优势互补，各旅游腹地融合互动，长三角多个单港口邮轮旅游目的地逐步融合成形成单个多港口邮轮旅游目的地，长三角邮轮旅游目的地一体化的目标初步实现。

在此阶段，长三角内部各邮轮港口、旅游城市之间的合作大于竞争。长三角作为一个整体区域与加勒比海、地中海等世界级邮轮旅游目的地展开竞争。

第四节　长三角邮轮旅游目的地发展路径

本节分析长三角邮轮旅游目的地一体化进程中的主要制约因素，并针对性地提出破解制约因素的解决方案。

一、长三角邮轮旅游目的地一体化的制约因素

在长三角邮轮旅游一体化的进程中存在诸多瓶颈和制约因素，结合制约因素的重要性和本报告的研究重点，提炼出以下三大主要制约因素。

（一）城乡居民休闲时间较少制约邮轮旅游需求

邮轮旅游从需求动机转变为旅游行为，除了需要有邮轮产业供给和邮轮旅游消费能力，还需要有较长的连续休闲时间。考虑到长三角邮轮港口现在以始发航线为主，如果旅游者在邮轮旅游前后在长三角旅游，则需要更长的连续休闲时间。我国城乡居民休闲时间较少的现状已经严重制约了邮轮产业的发展，更制约了邮轮旅游目的地的一体化。

1. 城乡居民休闲时间持续减少

根据中国旅游研究院的中国居民休闲行为调查，2012 年我国城镇和农村居民分别有 1774 小时和 1766 小时的休闲时间。2017 年城镇和农村居民的年休闲时间分别减少为 1407 小时和 1441 小时，减少幅度分别为 20.7% 和 18.4%。2012～2017 年，城镇居民工作日、周末和节假日的日均休闲时间分别减少了 1.25 小时、0.58 小时和 0.38 小时，农村居民农忙和农闲时节的日均休闲时间分别减少了 0.94 小时和 0.83 小时。据经济合作与发展组织统计，2009 年德国、英国和美国居民年休闲时间分别为 2190 小时、2050 小时和 1900 小时，经济合作与发展组织国家平均水平为 1892 小时（中国旅游研究院，2018）。与发达国家相比，我国居民年休闲时间有较大差距。

发达国家劳动者工作时间随社会发展而持续减少。1979～2016 年，

经济合作与发展组织国家全职劳动者的年工作时间总量从 1935 小时下降到了 1764 个小时。其中，2016 年德国、法国全职劳动者工作时间仅为 1363 小时和 1472 小时。与之相反，2012～2017 年，我国城镇劳动者的工作时间显著增加，日均工作时间从 2012 年的 8.13 小时增加到 2017 年的 8.23 小时，相应地年工作时间从 1968 小时增加到 1992 小时。农村劳动者的工作时间则稳定在较高水平，我国农村劳动者年劳动时间从 2012 年的 2502 小时略微减少到 2017 年的 2495 小时，显著多于城镇劳动者（中国旅游研究院，2018）。

2012～2017 年，我国居民休闲时间快速减少、工作时间稳中有升，社会发展并未直接带来休闲时间增加，与发达国家差距不断拉大。据调查，2017 年有 71.4% 的城镇居民和 66.0% 的农村居民表示"工作时间过长，工作过于劳累"是制约休闲质量提升的最主要因素（中国旅游研究院，2018）。

2. 节假日制度还有待完善

首先，节假日休闲过于集中。由于全国带薪年休假落实率不高，多数职工依靠法定节假日来满足出游需求，导致节假日旅游需求集中释放。具体到邮轮旅游方面，由于每年 5 天以上的节假日仅有春节和国庆节两个黄金周，春节黄金周很多人选择回家探亲访友，因此国庆节黄金周成为很多居民能享受邮轮的唯一机会。在已落实带薪年休假制度的单位中，绝大多数职工在暑期集中休假，也加剧了出游需求的集中爆发和季节性波动。邮轮床位供给能力平均分布在全年，旅游旺季也难以提供更多供给，导致旺季时难以满足邮轮旅游需求，淡季时又导致资源浪费。

其次，节假日碎片化严重。乘坐邮轮旅游不仅要增加休闲时间总量，也要增强休闲时间连续性。目前的邮轮旅游产品至少要求 5～7 天的连续休闲时间，如果加上从客源地到邮轮母港时间，则至少需要 7～

9天的连续休闲时间，如果旅游者想在乘坐邮轮前后在长三角腹地旅游，则需要更长的休闲时间。我国现在多个小长假与两个黄金周并存的法定节假日制度，以及实际中常被"化整为零"的带薪年休假，导致节假日碎片化并严重影响邮轮旅游发展。

（二）邮轮旅游产品同质性加剧区域竞争

成熟的一体化邮轮旅游目的地，要求旅游目的地内部邮轮航线间和旅游城市间有足够的差异性，形成互补的邮轮旅游功能和邮轮旅游产品体系。如果邮轮航线和旅游城市的同质性太强，则会增强邮轮旅游目的地间的竞争性，削弱它们的合作潜力，最终破坏邮轮旅游目的地的一体化进程，降低邮轮旅游目的地的旅游吸引力。这种同质性表现为旅游城市间以及邮轮与旅游城市的同质性。

邮轮实质上是可移动的综合性旅游目的地，具有较为完备的旅游观光和休闲娱乐设施，因此与城市旅游目的地存在天然的竞争关系。在邮轮与旅游城市同质性较弱的情况下，邮轮与城市目的地能够相互支持、共赢发展，在邮轮港口作为母港时，旅游者能够在邮轮出发前或者返回后在城市停留1~2日，进行较为深入的城市旅游，在邮轮港口作为访问港时，旅游者能够在有限的时间内进行一日游。但是，在邮轮与旅游城市同质性较强的情况下，旅游者仅把邮轮母港当作中转枢纽，在邮轮旅游前后较少在旅游城市停留，邮轮港口作为访问港也较少有邮轮挂靠或是乘客下船游览，这样邮轮旅游不仅没有给旅游城市带来较多正面效益，反而替代了邮轮旅游者原本可能在旅游城市进行的消费，给城市旅游带来了负面冲击。特别是在邮轮产品价格下降时，邮轮企业需要通过更多的船上消费来增加收入，并想尽办法让旅游者在船上花费更多的时间和金钱，与旅游城市的竞争加剧。

长三角的很多旅游城市之间地域相通、文化相近，自然和文化旅游资源具有相似的地方，进而导致各城市的旅游产品同质性较强。如果长三角各旅游城市不能形成差异化的旅游产品体系，那么必然只有少数具有优质旅游产品的城市会被纳入邮轮航线，母港旅游者也不会选择在邮轮旅游前后到其他城市旅游，区域内邮轮港口间的竞争性和替代性将增强，进而削弱长三角邮轮旅游目的地一体化进程。

（三）成本收益分配矛盾制约区域合作

邮轮旅游在给区域经济带来收入、就业和投资等巨大效益的同时，也会给目的地带来交通拥堵、基础设施超载、环境污染等负面效应。在大多数时候，这些正面和负面影响效应在空间和作用对象上是错位的。负面效应大多集中在港口区域和旅游景点，大部分被本地居民所承担，正面效应则往往集中在较远的邮轮相关产业集聚区，被少数相关企业所获取。如果在邮轮旅游目的地一体化的过程中不能恰当地处理好成本收益分配的问题，则难以有效地推进邮轮旅游目的地一体化进程。例如，近期在威尼斯、杜布罗夫尼克、圣托里尼等著名旅游城市都出现了"反邮轮"运动。

在邮轮旅游目的地一体化的过程中，各城市旅游经济地位差别较大，邮轮产业规模差异悬殊，投入一体化进程的财政资源也各不相同，最终导致各主体的话语权不同。如何在合作机制中有效协调各主体的责任权利关系，平衡各主体成本收益，是邮轮旅游目的地一体化顺利推进的重要制度问题。

二、长三角邮轮旅游目的地一体化的解决方案

本节针对上述的制约因素有针对性地提出解决方案。

（一）多种方式增加居民休闲时间

通过以下两方面的政策能够有效地增加居民休闲时间。

1. 增加国民休闲时间总量

落实《职工带薪年休假条例》《国民旅游休闲发展纲要（2022—2030 年）》等法规制度，构建和谐劳动关系，提升劳动者在劳资关系中的地位。将休息休假权利纳入单位的集体协商和集体合同制度中，增强职工在制定和实施休息休假制度中的话语权。发挥工会在与企业协商保障职工休息休假权利中的重要作用。加强监督检查，切实保障劳动者的休息休假权利。

学前教育和长期护理服务具有较强的公共物品属性，政府应当主动承担公共服务职能，提供学前教育和长期护理公共服务，构建长期护理保险制度，让居民能用公共服务替代家务劳动，减轻对休闲时间的挤占。对于必须亲自提供长期护理服务的居民，可以采用提供喘息式护理服务、政府支付劳动报酬等方式来保障其休息休假权利。

2. 进一步优化节假日结构

我国的法定节假日天数已与发达国家较为接近，差距主要体现在带薪年休假的法定天数和落实率上。在带薪年休假落实率达到较高水平时，可以研究增加带薪年休假法定天数，将增加带薪年休假作为增加节假日的主要方式，以缓解法定节假日出游过度集中带来的拥堵问题。

鼓励职工根据个人喜好错峰休假，避免暑期集中出游对旅游业带来负面冲击。鼓励推行中小学春假秋假制度，为家庭安排集体出游提供更多弹性空间。

参考发达国家经验，鼓励职工一次性休完带薪年休假，限制企业用工资报酬换取职工不休年假，以保证休假真正用于休闲目的、延长休闲时间连续性，最终提升国民休闲质量。

（二）发展创新型城市旅游产品

长三角邮轮旅游城市应重点发展与邮轮旅游互补的城市旅游产品体系，两者形成协调的产业创新步伐，将城市旅游看作邮轮旅游发展的互补品和推动力，而绝非是邮轮旅游发展的替代品。城市旅游与邮轮旅游实现错位发展，旅游城市应重点发展具有城市鲜明特征和独特竞争力、不能被邮轮所替代的旅游产品，包括历史街区、都市观光、特色节庆活动、人文景观、自然生态等。城市岸上旅游产品与邮轮船上旅游产品共同构成完善的邮轮旅游产品体系。

长三角邮轮旅游城市应基于自身独特的历史文化和自然遗产资源优势，开发具有城市鲜明特色和核心竞争力的城市旅游产品，避免低水平复制无明显地域特征的普通城市旅游产品，以增强旅游城市之间的产品异质性和互补性。另外，邮轮旅游市场呈现出不断细分的趋势，长三角邮轮旅游城市可以依据市场细分而实施产品差异化战略，每个旅游城市服务特定的邮轮旅游细分市场，整个长三角又能实现旅游市场全覆盖。

（三）打造长三角邮轮产业集群

如果长三角每个具有邮轮港口的旅游城市都独立发展邮轮总部、邮轮船供、邮轮服务、邮轮建造等邮轮产业集群，那么势必带来规模不经济和巨大的资源浪费。因此，应当依据统一的发展规划，依托各省市的技术优势和产业结构特点，在整个长三角范围内科学布局相关邮轮产业，鼓励邮轮产业集群的跨省市发展。政府应出台政策鼓励邮轮产业集群发展，争取在长三角率先培育出具有全国乃至全世界竞争力的邮轮产业集群。

（四）建立邮轮旅游常设合作机构

参考借鉴美国港口协会、欧洲邮轮（Cruise Europe）、地中海邮轮

（MedCruise）、大西洋联盟（Atlantic Alliance）、波罗的海邮轮（Cruise Baltic）、佛罗里达—加勒比邮轮协会（FCCA）等世界一流邮轮港口合作机构的职能范围、运作模式和组织架构，在长三角建立常设性邮轮港口合作机构。邮轮港口合作机构除了常规性的统一品牌形象、整体市场营销、信息沟通交流等职能以外，还应该发挥邮轮港口宏观规划和运营协调等行业职能。更进一步，邮轮港口合作机构不应仅包含各邮轮企业和邮轮港口，还应将旅游城市和旅游腹地的相关企业和机构纳入进来，其代表各邮轮旅游目的地，共同协调区域邮轮旅游发展重要事务。

除了邮轮旅游常设合作机构，长三角还应充分利用现有的一体化合作政策，在旅游、交通、工业等行业合作机制中加入邮轮旅游内容。

（五）鼓励企业跨区兼并整合

鼓励有实力的集团企业跨区兼并整合相关企业或资源，以企业跨区整合邮轮产业链的方式来推进邮轮旅游目的地一体化。在国际上，邮轮企业收购邮轮港口、不同邮轮港口间交叉持股、邮轮企业收购旅游景区、邮轮企业收购旅行社、旅行社购买邮轮等现象极为普遍。通过相关企业的跨区和跨行业兼并整合，能够促进邮轮产业资源的优化配置，消除邮轮产业发展的区域壁垒和行业壁垒，有利于邮轮旅游目的地的一体化发展。但是，也应该注意到企业通过兼并整合可能占据邮轮产业链的垄断地位，进而对邮轮旅游目的地的可持续发展造成负面影响。

第五节　长三角邮轮旅游目的地发展政策建议

本节依据长三角邮轮旅游目的地一体化的不同阶段有针对性地提出政策建议。

一、邮轮港口体系一体化

在长三角邮轮旅游目的地一体化的第一阶段，应当首先实现邮轮旅游发展战略、基础设施和公共服务的一体化，以促进长三角一体化的邮轮港口体系形成。

（一）邮轮旅游发展顶层设计一体化

长三角每年召开旅游合作联席会议，并准备共同编制《长江三角洲区域文化和旅游发展规划》，邮轮旅游发展顶层设计一体化具有良好基础。应在此基础上，编制《长江三角洲邮轮旅游发展规划》，衔接各地的邮轮旅游发展战略，明确邮轮旅游发展的战略目标、空间布局、发展步骤等。长三角还应建立常设性邮轮港口合作机构，保障邮轮旅游发展一体化顺利进行。

（二）邮轮旅游基础设施一体化

通过共同规划、协调运营、共同使用长三角的邮轮港口、邮轮客运大楼、旅游集散中心、旅游交通等邮轮旅游基础设施，能够优化邮轮航线网络、提高基础设施利用效率、降低产业发展成本、避免重复投资，促进长三角邮轮港口体系一体化。

（三）邮轮旅游公共服务一体化

建立长三角邮轮旅游满意度提升制度。共同提供长三角优质邮轮企业、旅游企业、邮轮航线信息，共建共享邮轮旅游公共资讯服务。在邮轮、餐饮、住宿、交通、景区、购物、信息、公共服务等方面制定行业标准，实现邮轮旅游服务标准的区域一体化。

二、邮轮旅游产业体系一体化

在长三角邮轮旅游目的地一体化的第二阶段，应当实现邮轮旅游市场、邮轮旅游产业和邮轮旅游产业融合的一体化，最终促进长三角一体化的邮轮旅游产业体系形成。

经过第一阶段的发展，长三角已经初步形成完善的邮轮港口体系，本阶段的主要任务是促进邮轮港口、旅游城市和旅游腹地的一体化发展，建设多个单港口邮轮旅游目的地。

（一）邮轮旅游市场一体化

长三角是全国最重要的旅游客源地和目的地，现在也是全国邮轮旅游中心，具有庞大的区内外邮轮旅游市场。上海、江苏和浙江之间旅游产品独特性和互补性较强，两省一市之间互为客源地和目的地，区内旅游交流活跃，在形成完善邮轮港口体系的基础上，要推进长三角邮轮旅游区内客源市场一体化。长三角也有丰富的区外客源，上海是最重要的旅游集散中心，大量国内外旅游者通过上海向江苏和浙江扩散，江苏和浙江则有丰富的旅游产品和强大的旅游接待能力。通过推进长三角邮轮旅游区外客源市场一体化，则能够充分利用长三角的重要旅游目的地优势，促进邮轮旅游的均衡可持续发展。

（二）邮轮旅游产业一体化

长三角的经济结构和优势产业互补性较强，通过邮轮旅游全产业链的分工合作，能够加快邮轮旅游企业培育、鼓励邮轮旅游产业创新，促进邮轮旅游产业发展。上海有完善的装备制造业、现代服务业体系和多个大型旅游企业总部，有条件建成邮轮建造中心和邮轮产业总部基地。江苏和浙江在酒店用品、旅游商品、旅游食品等方面具有良好基础，在邮轮船供、邮轮服务等产业大有可为。应该鼓励长三角企业加强合作，鼓励大型企业集团跨区兼并整合，以企业合作促进区域旅游一体化。

（三）邮轮旅游产业融合发展一体化

长三角应当实施"旅游＋"发展战略，顺应旅游业融合发展趋势，打破邮轮业、旅游业与其他产业的边界，通过邮轮相关各产业相互渗透，发挥邮轮业、旅游业、先进制造业和现代服务业的相互促进作用。促进邮轮、旅游、制造、医疗、教育、文化、体育、金融等行业融合发展。

三、邮轮旅游目的地体系一体化

在长三角邮轮旅游目的地一体化的第三阶段，应当实现邮轮旅游市场营销和邮轮旅游目的地的一体化，最终促进长三角一体化的邮轮旅游目的地体系形成。

经过第二阶段的发展，长三角已经初步形成多个单港口邮轮旅游目的地，本阶段的主要任务是促进单港口邮轮旅游目的地融合发展，建设单个多港口邮轮旅游目的地。

（一）邮轮旅游市场营销一体化

长三角应共同打造邮轮旅游目的地品牌和形象，形成长三角邮轮旅游目的地宣传标识系统。将长三角的邮轮港口、邮轮航线、邮轮产品统一包装，形成长三角邮轮旅游产品体系。通过联合举办和参与邮轮旅游线上营销、邮轮推介会、旅游展会、旅游节事活动等方式，推广长三角邮轮旅游目的地品牌形象，拓展长三角邮轮旅游市场。长三角的旅游集散中心和旅游咨询中心应实现邮轮旅游信息互通共享，共同提供长三角邮轮旅游咨询服务。

（二）邮轮旅游目的地一体化

长三角旅游资源丰富、结构互补性强，能够建成世界著名旅游目的地。鼓励长三角各旅游城市充分挖掘自身独特优势，以差异化战略来促进一体化发展。上海有丰富的近代文化遗产，多元的现代都市文明，以及世界级的旅游品牌知名度，但是在历史文化遗产等方面相对欠缺。江苏和浙江有深厚的历史文化底蕴，丰富的旅游资源和强大的旅游接待能力，但在都市旅游资源和旅游集散功能方面与上海存在差距。通过开发各自优势产品进而一体化发展，能够增强长三角邮轮旅游目的地的吸引力与竞争力。

四、邮轮旅游目的地发展重点任务

（一）旅游规划

（1）上海、江苏、浙江、安徽三省一市编制《长江三角洲区域文化和旅游发展规划》；

（2）上海、江苏、浙江两省一市编制《长江三角洲邮轮旅游发展规划》；

（3）建立长三角重要旅游规划通报协商机制。

（二）旅游产品

（1）围绕沿海、长江、京杭大运河等水域，建设长三角邮轮旅游精品项目，提升邮轮旅游目的地吸引力；

（2）上海、江苏、浙江两省一市建立长三角邮轮旅游重大项目通报协商机制，统筹旅游项目布局；

（3）两省一市的大型邮轮旅游项目建设，由各地政府统筹协商确定。

（三）旅游线路

（1）以高铁、高速公路、长江水系、京杭大运河、沿海等为纽带，打造长三角精品邮轮旅游线路网络；

（2）发展"一程多站"式邮轮旅游线路，推出"邮轮＋景区""邮轮＋高铁""邮轮＋酒店"等岸上旅游产品。

（四）旅游产业要素

（1）培育长三角大型旅游集团，鼓励长三角优秀旅游企业跨省市投资建设或连锁经营，以企业为纽带促进长三角区域内的旅游产业要素一体化；

（2）在餐饮、住宿、购物、娱乐等旅游产业要素领域加强服务质量监督合作，实施统一服务质量标准，实现旅游服务质量一体化。

（五）旅游公共服务

（1）在长三角区域内部统一规划建设旅游集散和咨询服务中心，建立一体化的旅游集散和咨询服务体系，实施一体化的旅游集散和咨询服务标准，实现长三角内部旅游公共服务标准化；

（2）在长三角区域建立标准化的旅游标识引导体系，两省一市相互增加旅游标识引导内容；

（3）推出长三角区域旅游优惠年卡，鼓励长三角居民游长三角，推动长三角区域互为旅游市场和目的地；

（4）破除长三角两省一市的物理障碍和制度障碍，建成长三角无障碍旅游区；

（5）建设覆盖长三角区域的智慧旅游体系；

（6）建立长三角区域跨省市旅游安全信息发布和旅游紧急救援体系。

（六）旅游市场监管

（1）建立长三角区域的旅游联合执法和综合监管体系，打击旅游市场不规范行为；

（2）建立长三角区域旅游投诉和处理联动机制，充分保障邮轮旅游者的各项权益。

参 考 文 献

［1］戴斌，黄璜.区域旅游一体化的理论建构与战略设计——以京津冀为例［J］.人文地理，2016，31（3）：128–135.

［2］国家统计局.国家旅游及相关产业统计分类（2018）［R］.北京：国家统计局，2018.

［3］国家统计局.国民经济行业分类（GB/T 4754—2017）［R］.北京：国家统计局，2017.

［4］国家统计局国民经济核算司.中国地区投入产出表2017［R］.北京：中国统计出版社，2020.

［5］交通运输部.全国沿海邮轮港口布局规划方案［Z］.北京：交通运输部，2015.

［6］上海市宝山区统计局.2019年宝山区国民经济和社会发展统计公报［R］.上海：上海市宝山区统计局，2020.

［7］上海市统计局，国家统计局上海调查总队.2023年上海市国民经济和社会发展统计公报［R］.上海：上海市统计局，2024.

［8］上海市统计局，等.上海统计年鉴2020［R］.北京：中国统计出版社，2020.

［9］文化和旅游部.旅游抽样调查资料2020［R］.北京：中国旅游出版社，2020.

［10］中国交通运输协会邮轮游艇分会，等.2019中国邮轮发展报告［R］.北京：旅游教育出版社，2019.

［11］中国旅游研究院.中国国内旅游发展年度报告 2020 ［R］.北京：旅游教育出版社，2021.

［12］中国旅游研究院.中国国内旅游发展年度报告 2021 ［R］.北京：旅游教育出版社，2022a.

［13］中国旅游研究院.中国国内旅游发展年度报告 2022 ［R］.北京：旅游教育出版社，2022b.

［14］中国旅游研究院.中国休闲发展年度报告 2017—2018 ［R］.北京：旅游教育出版社，2018.

［15］中国民用航空局.2023 年全国民用运输机场生产统计公报 ［R］.北京：中国民用航空局，2024.

［16］钟契夫等编.投入产出分析（修订本）［M］.北京：中国财政经济出版社，1997.

［17］Baldwin, Richard E. , Anthony J. Venables. Regional Economic Integration ［M］. in G. Grossman, K. Rogoff. *Handbook of International Economics*. Volume Ⅲ. Amsterdam：Elsevier, 1995：1597 – 1644.

［18］Braun, Bradley M. , James A. Xander, and Kenneth R. White. The impact of the cruise industry on a region's economy：a case study of Port Canaveral, Florida ［J］. *Tourism Economics*, 2002, 8 (3)：281 – 288.

［19］Brida, Juan Gabriel, and Sandra Zapata. Economic Impacts of Cruise Tourism：The Case of Costa Rica ［J］. *Anatolia：An International Journal of Tourism and Hospitality Research*, 2010, 21 (2)：322 – 338.

［20］Calem, Paul S. , Carlino Gerald A. Urban Agglomeration Economiesin the Presence of Technical Change ［J］. *Journal of Urban Economics*, 1991, 29 (1)：82 – 95.

［21］Chase, Gregory L. , and David L. McKee. The Economic Impact of Cruise Tourism on Jamaica ［J］. *The Journal of Tourism Studies*, 2003, 14 (2)：16 – 22.

［22］ CLIA. Contribution of Cruise Tourism to the Global Economy 2022 ［R］. London：Oxford Economics，2023a.

［23］ CLIA. *Cruise Lines International Association* 2011 *Cruise Market Profile Study* ［R］. Washington DC：CLIA，2011.

［24］ CLIA. *Economic Contribution of Cruise Tourism to Europe* 2022 ［R］. London：Oxford Economics，2023b.

［25］ CLIA. *Economic Contribution of Cruise Tourism to the United States* 2022 ［R］. London：Oxford Economics，2023c.

［26］ CLIA. *The Contribution of the International Cruise Industry to the U. S. Economy in* 2019 ［R］. Phillipsburg，NJ：Business Research & Economic Advisors，2020b.

［27］ CLIA. *The Economic Contribution of the International Cruise Industry in Canada in* 2019 ［R］. Phillipsburg，NJ：Business Research & Economic Advisors，2021.

［28］ CLIA. *The Global Economic Contribution of Cruise Tourism* 2019 ［R］. Phillipsburg，NJ：Business Research & Economic Advisors，2020a.

［29］ CLIA. *Trends and Perspectives in the EuroMed Cruise Tourism* ［R］. Giudecca：Risposte Turismo，2022.

［30］ Cruise Europe. *Cruise Europe Port Handbook* ［R］. Stryn，Norway：Cruise Europe，2024.

［31］ Cubas，Diana，Cecilia Briceño – Garmendia，and Heinrich C. Bofinger. *OECS Ports：An Efficiency and Performance Assessment* ［R］. Policy Research Working Paper. No. 7162. Washington，D. C：World Bank，2015.

［32］ De Cantis，Stefano，Mauro Ferrante，Alon Kahani，and Noam Shoval. Cruise passengers' behavior at the destination：Investigation using GPS technology ［J］. *Tourism Management*，2016，52：133 – 150.

［33］ Dwyer，Larry，and Peter Forsyth. Economic Impacts of Cruise

Tourism in Australia [J]. *The Journal of Tourism Studies*, 1996, 7 (2): 36 – 43.

[34] Esteve – Perez, Jeronimo, and Antonio Garcia – Sanchez. Cruise market: Stakeholders and the role of ports and tourist hinterlands [J]. *Maritime Economics & Logistics*, 2015, 17 (3): 371 – 388.

[35] European Commission. *Europe, the world's No 1 tourist destination-a new political framework for tourism in Europe* [R]. Brussels: European Commission, 2010.

[36] European Commission. *Tourist facilities in ports – Growth opportunities for the European maritime economy: economic and environmentally sustainable development of tourist facilities in ports – Study repor*t [R]. Brussels: European Commission, 2009.

[37] Gibson, Philip. *Cruise operations management* [M]. Burlington, MA: Butterworth – Heinemann, 2006.

[38] Gui, Lorenzo, and Antonio Paolo Russo. Cruise Ports: A StrategicNexus Between Regions and Global Lines – Evidence from the Mediterranean [J]. *Maritime Policy & Management*, 2011, 38 (2): 129 – 150.

[39] Hawaii DBEDT. 2002 *and* 2003 *Hawaii Cruise Industry Impact Study* [R]. Honolulu: Hawaii DBEDT, 2004.

[40] Henderson, J. Vernon. Marshall's Scale Economies [J]. *Journal of Urban Economics*, 2003, 53 (1): 1 – 28.

[41] Klein, Ross A. *Cruising without a Bruising* [R]. Halifax, Canada: Canadian Centre for Policy Alternatives, 2009.

[42] Krugman, Paul. *Geography and Trade* [M]. Cambridge, Massachusetts: The MIT Press, 1991: 1 – 142.

[43] Lekakou, Maria B. , Athanasios A. Pallis, and George K. Vaggelas. Which Homeport in Europe: The Cruise Industry's Selection Criteria [J].

Tourismos, 2009, 4 (4): 215 - 240.

[44] London Development Agency. *An Assessment of Current and Future Cruise Ship Requirements in London* [R]. London: LDA, 2009.

[45] McCarthy, John Paul, Arie Romein. Cruise Passenger Terminals, Spatial Planning and Regeneration: The Cases of Amsterdam and Rotterdam [J]. *European Planning Studies*, 2012 (12): 2033 - 2052.

[46] McCarthy, John. The Cruise Industry and Port City Regeneration: The Case of Valletta [J]. *European Planning Studies*, 2003 (3): 341 - 350.

[47] MedCruise. 2023 *MedCruise Statistics* [R]. Santa Cruz de Tenerife, Spain: MedCruise Association, 2024.

[48] Mescon, Timothy S., and George S. Vozikis. The Economic Impact of Tourism at the Port of Miami [J]. *Annals of Tourism Research*, 12 (4): 515 - 528, 1985.

[49] Mill, Robert Christie. *Resorts: management and operation* [M]. Third Edition. Hoboken, New Jersey: John Wiley & Sons, 2012.

[50] Nakamura, Ryohei. Agglomeration Economies in Urban Manufacturing Industries: A Case of Japanese Cities [J]. *Journal of Urban Economics*, 1985, 17 (1): 108 - 124.

[51] Notteboom, Theo E. Concentration and the formation of multi-port gateway regions in the European container port system: an update [J]. *Journal of Transport Geography*, 2010, 18 (4): 567 - 583.

[52] NYCruise. 2013 *NYCruise Economic Impact Study* [R]. New York: NYCruise, 2014.

[53] NYCruise. 2017 *NYCruise Economic Impact Study* [R]. New York: NYCruise, 2018.

[54] OECD. *The Competitiveness of Global Port - Cities* [M]. Paris:

OECD, 2014.

[55] Pallis, Athanasios A. , and Kleopatra P. Arapi. A Multi – Port Cruise Region: Dynamics and Hierarchies in the Med [J]. *Tourismos*, 2016, 11 (2): 168 – 201.

[56] Pallis, Athanasios A. , Jean – Paul Rodrigue, and Theo E. Notteboom. Cruises and Cruise Ports: Structures and Strategies [J]. *Research in Transportation Business & Management*, 2014, 13: 1 – 5.

[57] Pallis, Thanos. Cruise Shipping and Urban Development: State of the Art of the Industry and Cruise Ports [R]. *International Transport Forum Discussion Paper*. No. 2015 – 14. Paris: International Transport Forum, 2015.

[58] Papathanassis, Alexis, Tihomir Lukovic, and Michael Vogel. eds. *Cruise Tourism and Society: A Socio – Economic Perspective* [C]. Berlin: Springer, 2012.

[59] Papathanassis, Alexis. Cruise tourism management: state of the art [J]. *Tourism Review*, 2017, 72 (1): 104 – 119.

[60] Papatheodorou, Andreas. Exploring the Evolution of Tourism Resorts [J]. *Annals of Tourism Research*, 2004, 31 (1): 219 – 237.

[61] Parola, Francesco, Marcello Risitano, Marco Ferretti, and Eva Panetti. The drivers of port competitiveness: a critical review [J]. *Transport Reviews*, 2017, 37 (1): 116 – 138.

[62] PortMiami. *The Local and Regional Economic Impacts of PortMiami* [R]. Miami: PortMiami, 2017.

[63] Prideaux, Bruce. *Resort Destinations: Evolution, Management and Development* [M]. Oxford: Butterworth – Heinemann, 2009.

[64] Rodrigue, Jean – Paul, and Theo Notteboom. The Geography of Cruises: Itineraries, Not Destinations [J]. *Applied Geography*, 2013, 38: 31 – 42.

[65] Rosenthal, Stuart S. , William C. Strange. The Determinants of Agglomeration [J]. *Journal of Urban Economics*, 2001, 50 (2): 191 – 229.

[66] Stabler, Mike J. , Andreas Papatheodorou, and M. Thea Sinclair. *The Economics of Tourism* [M]. Second Edition. New York: Routledge, 2010: 1 – 506.

[67] Stefanidaki, Evangelia, and Maria Lekakou. Cruise carrying capacity: A conceptual approach [J]. *Research in Transportation Business & Management*, 2014, 13: 43 – 52.

[68] Vanhove, Norbert. *The Economics of Tourism Destinations* [M]. Second Edition. London: Elsevier, 2011.

[69] Wang, Youcheng, Joe Hutchinson, Fevzi Okumus, and Sandra Naipaul. Collaborative Marketing in a Regional Destination: Evidence from Central Florida [J]. *International Journal of Tourism Research*, 2013, 15 (3): 285 – 297.

[70] World Bank. *The Way Forward for Indian Ocean Island Tourism Economies: Is There A Role for Regional Integration?* [R]. Washington, D. C: World Bank, 2013.

[71] World Tourism Organization. *An Integrated Approach to Resort Development: Six Case Studies* [M]. Madrid, Spain: World Tourism Organization, 1992.

[72] World Tourism Organization. *Cruise Tourism – Current Situation and Trends* [M]. Madrid, Spain: World Tourism Organization, 2010.

[73] Worley, Thomas, and Greg Akehurst. *Economic Impact of the New Zealand Cruise Sector* [R]. Auckland: Cruise New Zealand, 2013.

[74] Wright, Araceli. *The Economic Impact of Cruise Ports: The Case of Miami* [R]. Geneva: UNCTAD, 2001.